BALANCE DE LOS CHAKRAS

UNA GUÍA COMPLETA PARA LIMPIAR TUS CHAKRAS, DESPERTAR TU TERCER OJO, Y LA SANACIÓN FINAL - PARA PRINCIPIANTES & PRÁCTICA AVANZADA

SIYA ISHANI

Copyright 2019- Todos los derechos reservados

El contenido de este libro no puede reproducirse, duplicarse o transmitirse sin el permiso directo por escrito del autor o el editor.

Bajo ninguna circunstancia se atribuirá culpabilidad ni se responsabilizará legalmente al editor ni al autor de ningún daño, reparación o pérdida monetaria debido a la información contenida en este libro. Ya sea directa o indirectamente

Aviso Legal:

Este libro está protegido por los derechos de autor. Este libro es únicamente para uso personal. No se podrá enmendar, distribuir, vender, usar, mencionar o parafrasear cualquier parte o contenido de este libro, sin el consentimiento del autor o editorial.

Aviso de exención de responsabilidad:

Favor de notar que la información contenida en este documento es solo para fines educativos y de entretenimiento. Todo el esfuerzo fue hecho para presentar información precisa, actualizada y completa. Ningún tipo de garantía viene declarada o implícita. Los lectores reconocen que el autor no está comprometido en presentar consejos legales, de tipo financieros, médicos, ni profesionales. El contenido de este libro ha sido obtenido de diversas fuentes. Favor de consultar a un profesional antes de intentar realizar cualquiera de las técnicas descritas en este libro.

Al leer este documento, el lector acepta que bajo ninguna circunstancia el autor es responsable de las pérdidas, directas o indirectas, que ocurran como resultado del uso de la información contenida en este documento, incluidos, entre otros, - errores, omisiones o inexactitudes.

ÍNDICE

Introducción — vii

1. PROBLEMAS COMUNES DE SALUD: LAS SEÑALES QUE ADVIERTEN DE UN DESBALANCE DE LOS CHAKRAS — 1
2. Emergencia De Medicina Complementaria Y Alternativa (Mca) — 24
3. CHAKRA como TÉCNICA CURATIVA — 37
4. BALANCE y CONCIENCIA: LA CLAVE PARA LA SANACION DE CHAKRAS — 63
5. CHAKRAS con OTRO MEDICAMENTO ALTERNATIVO — 100
6. Malentendidos/Mitos Respecto A Chakras — 141
7. LA CIENCIA de LA SANACION DE CHAKRAS — 148
8. Guía De Inicio Rapida — 158

Postfacio — 161

INTRODUCCIÓN

El bienestar es un estado que todo el mundo busca perseguir. Sin embargo, el bienestar en sí no es sólo un estado, sino un proceso continuo de conciencia y toma de decisiones hacia un bienestar físico, mental y social completo.

La vida es dinámica y el cambio es inevitable. Cada día experimentamos altibajos, pasamos por una inmensa presión y nos encontramos ante nuevas personas y circunstancias. Este ha sido un mundo donde se requiere una adaptación constante para la supervivencia. Como resultado, tendemos a estresarnos, ansiarnos, y a deprimirnos de vez en cuando. Nuestro estado físico se debilita y eventualmente cae en un territorio no deseado.

Las enfermedades o trastornos son señales de advertencia que nos dicen que algo en nuestro sistema se altera en su funcionalidad, y que la homeostasis se interrumpe. Los simples problemas de salud, y de autolimitación, si no se tratan, a menudo pueden llevar a condiciones más complejas. Por ejemplo, un dolor en la garganta por infección. Esta infección se erradica con antibióticos. Pero si el régimen antibacteriano no se sigue estrictamente, se puede desarrollar una superinfección, y una forma grave de infección puede surgir en forma de enfermedad cardíaca reumática.

Las enfermedades afectan a individuos, o a grupos de personas. Puede afectar negativamente a las vidas directa e indirectamente tanto en los niveles micro como macro. Para disminuir la intensidad de los efectos, Western Medicine lanzó numerosas actividades para descubrir intervenciones que, en última instancia, mejorarán la calidad de vida. Aunque estos demostraron efectividad, los medicamentos y técnicas convencionales son, más a menudo que no, caros, tediosos y dirigidos únicamente hacia el aspecto físico.

Debido a estas razones, un cambio de la medicina tradicional a la alternativa y complementaria se llevó a cabo gradualmente. A diferencia de la primera, la segunda ofrece una variedad de modalidades de curación que se centra en la sanidad general. El bienestar holístico se ha convertido en una aspiración primordial hoy en día, ya que la mayoría de las veces, las personas están agobiadas no sólo físicamente, sino también mental y emocionalmente. Una forma de medicina alternativa es la Sanación de Energías. Bajo esta categoría, un enfoque emergente ha ido ganando popularidad y despertando el interés de muchos – Sanación de Chakras.

Chakra es un término Sánscrito que significa "rueda" o "disco". Aunque hay más de un centenar de chakras en el cuerpo, hay 7 chakras principales que gobiernan nuestras funciones fisiológicas y psicológicas. Estos chakras son centros nerviosos masivos en nuestro cuerpo donde fluye la energía vital, llamada Prana. La interrupción del flujo de energía, ya sea bloqueo o desbordamiento de un chakra a otro, se correlaciona con una disfunción física, emocional y espiritual específica para un individuo.

El principio de la sanación de Chakras se basa únicamente en equilibrar el flujo de energía mediante la eliminación de bloqueos, o la estimulación a la baja de los desbordamientos. El efecto de los chakras bien equilibrados se traduce en una sensación de bienestar, relajación, y mayor vitalidad y realización de uno mismo.

La idea del equilibrio puede parecer vaga en este punto, pero no hay necesidad de preocuparse. Este libro ofrece todos los fundamentos de la curación de Chakras – desde la comprensión de lo que son los chakras, identificar los síntomas del desequilibrio de chakras, aclarar los conceptos erróneos del chakra, y en última instancia, personalizar el mejor régimen de curación de chakra para tus necesidades.

Cada instrucción que está a puntos de leer en este libro tiene resultados probados y bases científicas. Cada capítulo revela nuevos conocimientos y pasos fáciles de entender que finalmente te ayudarán a lograr la curación holística que siempre has querido. Sigue todo el proceso y te sorprendería cómo tu salud y bienestar pueden mejorar enormemente, permitiéndote irradiar positividad y vivir la vida que mereces.

PROBLEMAS COMUNES DE SALUD: LAS SEÑALES QUE ADVIERTEN DE UN DESBALANCE DE LOS CHAKRAS

a. Migrañas

Una migraña es una afección compleja que tiene una amplia gama de síntomas. La característica principal es un fuerte dolor de cabeza para la mayoría de las personas. Los síntomas pueden variar de persona a persona, y éstas pueden tener diferentes síntomas durante diferentes ataques. Aproximadamente uno de cada cinco pacientes con migraña experimenta un aura, o alteración visual y sensorial antes de que comience el dolor de cabeza. Ejemplos de un aura incluyen destellos de luz, pérdida de visión, líneas en zig-zag, alfileres y agujas en un brazo o pierna, y problemas con el habla y el lenguaje.

La longitud y frecuencia de los ataques también pueden diferir. Algunas personas los obtienen varias veces al mes, mientras que otros los experimentan con mucho menos frecuencia. Por lo general, los ataques de migraña duran de 4 a 72 horas, y la mayoría de las personas están libres de síntomas entre ataques. Los ataques de migraña pueden ser muy inquietantes y hacer que te quedes quieto por bastante tiempo. La migraña puede tener un impacto masivo en la vida laboral, familiar y social.

1. Estadísticas de migrañas

Más de 38 millones de personas en los Estados Unidos sufren de migrañas. Algunos estudios estiman que hay migrañas en el 13 por ciento de los adultos en la población de los Estados Unidos, y migrañas crónicas en 2-3 millones. En los Estados Unidos, casi 5 millones de personas experimentan al menos un ataque de migraña al mes, mientras que más de 11 millones de personas culpan a las migrañas de una discapacidad de moderada a grave.

Se han identificado varios factores de riesgo que aumentan la probabilidad de que una persona tenga migrañas:

- Antecedentes familiares: La mayoría de las

personas que sufren de migrañas tienen antecedentes familiares de ataques de la misma. Individuos que tienen uno o más parientes de primer de grado con dolores de cabeza de migraña tienen una mayor probabilidad de tener migrañas también. En los últimos años, hay esfuerzos considerables en la comprensión de las causas genéticas de las migrañas. Dado a esto, se encontró que el gen llamado TRESK estaba directamente asociado con un tipo común de migraña.

- Edad: Las migrañas pueden comenzar a cualquier edad, aunque durante la adolescencia el primer ataque ocurre con frecuencia. Durante los 30 años, las migrañas tienden a alcanzar su punto máximo, y en las décadas siguientes, gradualmente se vuelven menos graves y menos frecuentes.
- Género: Las migrañas tienen tres veces más probabilidades de ocurrir en las mujeres. Los dolores de cabeza tienden a afectar a los niños en la infancia más que a las niñas, pero más niñas se ven afectadas por el momento de la pubertad y más allá.
- Ciertas condiciones médicas: depresión, ansiedad, embolias, epilepsia y alta presión

arterial son asociadas a dolores de cabeza por migraña.

- Cambios hormonales: En muchas mujeres, las fluctuaciones en el estrógeno parecen desencadenar dolores de cabeza. Las mujeres con antecedentes de migraña a menudo reportan dolores de cabeza justo antes, o durante sus períodos cuando tienen una disminución significativa de estrógeno. Otras tienen una mayor tendencia durante el embarazo o la menopausia a desarrollar migrañas.
- Los medicamentos hormonales, como los anticonceptivos orales y la terapia de reemplazo hormonal, también pueden empeorar las migrañas. Sin embargo, algunas mujeres encuentran que sus migrañas ocurren con menos frecuencia al tomar estos medicamentos.
- Estrés: Hay una fuerte conexión entre la migraña y el estrés. La ansiedad, la excitación y cualquier forma de tensión y shock pueden resultar en un ataque de migraña. Sin embargo, algunas personas informan que cuando el estrés disminuye, sus ataques de migraña comienzan. Este

fenómeno a veces se experimenta como "dolor de cabeza de fin de semana" cuando, después de una semana ocupada y estresante en el trabajo, una persona puede sentir una migraña en el fin de semana, cuando él o ella tiene más experiencia

- Ingesta de alimentos/bebidas: El consumo excesivo de cafeína puede contribuir a la aparición de ataques de migraña. Eliminar la cafeína de golpe también puede ser un factor detonante. Algunas personas encuentran que consumir menos cafeína durante el fin de semana puede afectar los ataques de migraña, pero también ten en cuenta que la cafeína se puede encontrar en muchos productos, incluyendo chocolate y analgésicos de venta libre.
- El queso añejo, los alimentos salados y los alimentos procesados también pueden desencadenar migrañas. Hay algunas pruebas de que una migraña puede ser desencadenada por el vino tinto porque contiene tiramina asociada con la migraña. Saltarse las comidas o ayunar también puede ser un factor en el desarrollo de la migraña.
- Estímulos sensoriales: Los problemas

ambientales como la altitud alta, los cambios climáticos, la humedad alta, los ruidos fuertes, la exposición al deslumbramiento o las luces parpadeantes pueden ser factores desencadenantes de la aparición de la migraña. No está claro si la luz y el sonido sean disparadores, ya que la característica temprana de los ataques incluye la sensibilidad a ellos.

2. Impacto de la migraña (pag 6)

Debido a que las migrañas comienzan durante los años de trabajo más productivos (15 – 55 años y/o), el dolor también repercute en lo financiero. La tasa de discapacidad por quienes padecen migrañas según la Organización Mundial de la Salud clasifica la migraña como la 19a razón más común para la discapacidad. Los pacientes con migraña usan el doble de medicamentos recetados, y visitan a los médicos y a las salas de emergencia el doble de frecuente que los que no tienen el trastorno.

Un estudio estima la pérdida de productividad en los Estados Unidos que oscila entre 5.600 millones de dólares al año, y 17.200 millones de dólares debido a la falta de trabajo. Al paciente promedio de migraña le faltan dos días laborables al año. Durante un ataque de migraña, algunos que sufren de migrañas persistentes trabajan, lo que dicen disminuye la productividad. Se estima que las migrañas es la razón por la que hay 36 millones de días de reposo en cama, más 21,5 millones de días de actividad limitada.

Los pacientes con migraña también gastan mucho más en su atención médica que aquellos que no sufren del trastorno. Los pacientes con migraña utilizan 2,5 veces la cantidad de medicamentos recetados, y se hacen seis veces el número de pruebas y servicios de diagnóstico disponibles. El costo promedio mensual de atención médica para los que sufren de migraña es $145, mientras que los enfermos de migraña pagan un promedio de $89 por mes.

A. Dificultad para dormir (Insomnio)

1. Descripción

El insomnio es el trastorno de sueño más predominante que dificulta que una persona se duerma, y permanezca dormida. También se puede caracterizar por despertarse demasiado pronto y no ser capaz de dormir de nuevo, o despertarse tan fatigado.

A menudo se considera crónico si ocurre durante tres meses o más al menos tres noches a la semana. La mayoría de nosotros hemos experimentado cortos períodos de insomnio (también conocido como insomnio agudo) una vez en nuestras vidas. Casi todo el mundo sabe lo que se siente estar despierto toda la noche, y simplemente mirando el techo ansiando poder dormir_ esto puede suceder si estás experimentando jet lag, o cuando estás agobiado por las circunstancias de tu vida.

La duración del insomnio es esencial. El insomnio crónico puede ser un patrón de comportamiento en este punto (por ejemplo, tus rutinas nocturnas no activan tu cuerpo para dormir, o tu horario de sueño está fuera de alineación con tu reloj biológico), o puede ser comorbilidad, es decir, que está relacionado con otro problema médico o psiquiátrico que requiera un examen adicional.

2. Prevalencia del insomnio

La prevalencia en la población general de síntomas de insomnio transitorios y a corto plazo es de aproximadamente 30% a 50%. La prevalencia del insomnio crónico, ya sea primario o secundario, es del 9% al 15%.

Casi todo el mundo tiene una noche de insomnio de vez en cuando. Pero el riesgo de tener insomnio se intensifica aún más por lo siguiente:

- Género. El ciclo menstrual y la menopausia pueden desempeñar un rol en el insomnio debido a cambios hormonales drásticos. Los sudores nocturnos y los sofocos a menudo interfieren con el sueño durante la menopausia. Con el embarazo, el insomnio también es común.
- Edad. Debido a los cambios en los patrones de sueño y la salud, el insomnio aumenta con la edad.
- Trastorno físico o psicológico subyacente. Las condiciones psiquiátricas y médicas, los hábitos de sueño poco saludables, sustancias específicas y algunos factores biológicos pueden causar insomnio. Recientemente, los investigadores han empezado a ver el insomnio como un problema que tu cerebro no puede dejar de estar despierto (tu mente tiene un ciclo de sueño, y un ciclo de vigilia, cuando uno apaga el otro, el insomnio puede

ser un problema en cualquier parte de dicho ciclo: demasiada vigilancia, o muy poca cantidad de sueño).
- Estrés. El insomnio temporal puede ser el resultado de momentos y eventos estresantes. Y el insomnio crónico puede ser el resultado de un estrés significativo o duradero.
- Horario de trabajo. Cambiar el trabajo o los turnos de viaje, por ejemplo, puede interferir con el ciclo de sueño-vigilia.

3. Impacto del insomnio

El insomnio puede socavar no solo el único nivel de energía y estado de ánimo, sino también tu salud, rendimiento en el trabajo, y calidad de vida. Un estudio estimó que cada año un empleado que padece insomnio, pierde unos ocho días hábiles. Eso suma un estimado de $63 billones de dólares perdidos en rendimiento laboral cada año en toda la fuerza laboral estadounidense debido al insomnio.

Cualquiera que sea la causa, somnolencia, fatiga, y un deterioro cognitivo puede ser el resultado del insomnio. Las discapacidades de aprendizaje en los niños, y las dificultades cognitivas y de memoria en los adultos están asociadas con la somnolencia excesiva. Tales deficiencias demostraron no estar relacionadas con el trastorno del sueño específico, sino más bien con la somnolencia asociada con la enfermedad.

El insomnio y su somnolencia diurna asociada tuvo efectos adversos significativos sobre el funcionamiento cognitivo, y deterioró la capacidad de sus sujetos para realizar tareas diarias ordinarias. Los pacientes con insomnio obtuvieron un puntaje significativamente inferior a los controles de la escala cognitiva del estudio de resultados médicos, lo que refleja problemas de concentración, la memoria, el razonamiento y la resolución de problemas. Un estudio describió que los pacientes con insomnio eran casi cuatro veces más propensos a experimentar depresión que aquellos sin insomnio. Se encontró que el trastorno de ansiedad, y el abuso y dependencia de drogas y alcohol planteaban riesgos igualmente elevados.

B. Dolor de garganta

1. Descripción

Un dolor de garganta es molesto. Se caracteriza por un rasguño o irritación de la garganta que a menudo empeora al tragar. Los dolores de garganta causados por virus son los más comunes, y generalmente auto-limitantes. La garganta estreptocócica (infección estreptocócica), es un tipo menos común de dolor de garganta causado por bacterias, pero a menudo es más grave y requiere tratamiento de antibióticos para prevenir complicaciones. Se necesitará una terapia más compleja para otras causas menos comunes de dolor de garganta.

2. Prevalencia de dolor de garganta

Un virus causa alrededor del 40 al 60% de los casos de dolor de garganta, y la infección por Estreptococo (garganta estreptocócica) es responsable de alrededor del 15% de estos. Los niños suelen tener un promedio de cinco dolores de garganta al año en los Estados Unidos, e infección de Streptococcus cada cuatro años. Por lo general, los adultos experimentan un par de dolores de garganta al año, e infección por Streptococcus aproximadamente cada ocho años.

La incidencia en todo el mundo es mayor, posiblemente debido a una resistencia excesiva hacia los antibióticos. En invierno, cuando la frecuencia de las enfermedades respiratorias es más elevada, el dolor de garganta es más frecuente. La incidencia de faringitis y estreptococo es la más alta durante los 15-18 años. En niños menores de tres años, el dolor de garganta es poco frecuente.

C. Asma

1. Descripción

El asma es una enfermedad crónica que involucra las vías respiratorias de los pulmones. Los bronquios permiten que el aire entre y salga de los pulmones. La inflamación de las vías respiratorias es el síntoma clásico del asma. Se hinchan aún más, y los músculos alrededor de las vías respiratorias pueden apretar cuando algo desencadena los síntomas. Hace que el aire sea difícil de mover dentro y fuera de los pulmones, causando síntomas como jadeos, opresión en el pecho, y dificultad para respirar.

Para muchos pacientes con asma, la aparición de estos síntomas está estrechamente relacionada con la actividad física. Y, al hacer ejercicio, algunas personas sanas pueden desarrollar síntomas de asma. Se denomina broncoconstricción, causada por el ejercicio (EIB), o asma causada por la actividad (EIA). Mantenerse activo es una manera significativa de mantenerse saludable, por lo que no debes ser marginado por el asma. El médico puede desarrollar un tratamiento para mantener los síntomas bajo control antes, durante y después de la actividad física.

Las personas con alergias, o con antecedentes familiares de asma son más propensas a desarrollar asma. Muchas personas con asma también tienen alergias, y esto es lo que se conoce como asma alérgica.

El asma ocupacional es causada al trabajar, inhalando humo, gases, polvo u otras sustancias potencialmente dañinas.

El asma en los niños afecta a millones de niños, y sus familias. De hecho, antes de los cinco años, la mayoría de los niños desarrollan asma. No hay cura para el asma; sin embargo, en las directrices clínicas basadas en la evidencia, los medios para controlar y prevenir las exacerbaciones en las personas con asma están bien establecidos.

2. Prevalencia del asma

Hay una tendencia sustancial al alza en la prevalencia de asma reportada a finales del siglo XX que se llamó la "epidemia de asma". A comparación de hace 50 años, cuando solo el 2% a 4% de la población reportó asma, datos recientes sugieren que del 15% al 20% o más de la población general de varios países padecen asma.

En 2006, los científicos destacaron aumentos significativos en la prevalencia del asma en niños y adultos jóvenes en casi todos los países, donde se realizaron repetidas encuestas de prevalencia del asma basadas en la población. En los casos notificados de asma, Australia, Canadá y el Reino Unido mostraron aumentos significativos. Aunque hubo una prevalencia mucho menor en Asia y Europa del Este, también hubo un aumento considerable en las tasas de asma. Los cambios similares en los informes sobre la incidencia en los síntomas del asma, independientemente del diagnóstico, sugirieron que los cambios no eran simplemente un reflejo de los hábitos de diagnóstico.

3. Impacto del asma

Hay una tendencia sustancial al alza en la prevalencia de asma reportada a finales del siglo XX que se llamó la "epidemia de asma". A comparación de hace 50 años, cuando solo el 2% a 4% de la población reportó asma, datos recientes sugieren que del 15% al 20% o más de la población general de varios países padecen asma.

En 2006, los científicos destacaron aumentos significativos en la prevalencia del asma en niños y adultos jóvenes en casi todos los países, donde se realizaron repetidas encuestas de prevalencia del asma basadas en la población. En los casos notificados de asma, Australia, Canadá y el Reino Unido mostraron aumentos significativos. Aunque hubo una prevalencia mucho menor en Asia y Europa del Este, también hubo un aumento considerable en las tasas de asma. Los cambios similares en los informes sobre la incidencia en los síntomas del asma, independientemente del diagnóstico, sugirieron que los cambios no eran simplemente un reflejo de los hábitos de diagnóstico.

D. Digestión débil (Dispepsia)

1. Descripción

La indigestión, también conocida como dispepsia o malestar estomacal, es un término general que describe las molestias abdominales superiores. La sensación de estar satisfecho poco después de empezar a comer es un sello distintivo de tal afección. La indigestión no es una enfermedad. En su lugar, es un síntoma que experimentas de otro trastorno digestivo subyacente. Aunque la indigestión es típica, cada persona puede experimentar una manifestación variable de esto. Los síntomas de indigestión pueden ocurrir ocasionalmente o con tanta frecuencia como todos los días. Los cambios en el estilo de vida y los medicamentos pueden aliviar la indigestión que no es causada por otras enfermedades.

2. Prevalencia de dispepsia

Diferentes definiciones de síntomas, poblaciones sujetas y plazos de investigación desafiaron la conducción de estudios epidemiológicos de dispepsia. Las cifras publicadas de prevalencia de la dispepsia oscilan entre el 20% y el 40%, de las cuales la enfermedad de la úlcera péptica estima que sólo una cuarta parte. Los médicos generales sólo ven una fracción de la dispepsia de la comunidad, la mayoría de las cuales son ignoradas o auto-medicadas. La dispepsia, sin embargo, aun representa alrededor del 3-4 por ciento de todas las consultas en la práctica general, y alrededor del 14 por ciento de todos los pacientes que asisten.

3. Impacto de la dispepsia

La dispepsia es común en la población. Trae una disminución sustancial en la calidad de vida. Además, la dispepsia impone una carga financiera importante a la sociedad. Esto podría mejorarse si se alienta a un paciente a visitar a los médicos con dispepsia. Sin embargo, la dispepsia ya es costosa en el sector de salud, y ayudar a las personas a visitar a su médico sólo sería apropiado si las diversas enfermedades que causan síntomas dispépticos tienen estrategias y tratamientos de manejo rentables.

E. Disfunción sexual

1. Descripción

La disfunción sexual se refiere a cualquier problema que ocurra en cualquier fase de un contacto sexual que impida el logro de la satisfacción y el placer. Tradicionalmente, el ciclo de respuesta sexual incluye excitación, meseta, orgasmo y resolución. El deseo y la emoción son ambas partes de la fase de excitación de la respuesta sexual. Los problemas que ocurren durante un tiempo prolongado en cualquiera de estas tres fases conducen a disfunciones sexuales.

La disfunción eréctil (DE) en los hombres, y el trastorno del deseo sexual hipoactivo (TDSH) en las mujeres son las disfunciones sexuales más frecuentes. Otros problemas masculinos que pueden surgir son problemas con el TDSH y la eyaculación. Otros problemas femeninos son la dificultad del orgasmo y la dispareunia (relaciones sexuales dolorosas)

2. Prevalencia de la disfunción sexual

La prevalencia de la disfunción sexual es alta, afectando a alrededor del 43% de las mujeres y al 31% de los hombres. Alrededor del 30% de las mujeres y el 15% de los hombres reportaron trastorno del deseo sexual hipoactivo asociado a una amplia gama de causas médicas y psicológicas. Los trastornos de excitación sexual, incluyendo la disfunción eréctil en hombres, y trastorno de excitación sexual femenina en mujeres, se encuentran en 10% a 20% de los hombres y mujeres, y están fuertemente asociados en los hombres. La disfunción orgásmica es relativamente común en las mujeres, que en estudios comunitarios afecta alrededor del 10% al 15%.

Por el contrario, la queja sexual más común entre los hombres es la eyaculación precoz, reportando una tasa de alrededor del 30 por ciento en la mayoría de los estudios. Finalmente, en 10% al 15% de las mujeres, y menos del 5% de los hombres, se notificaron trastornos del dolor sexual. Se ha descubierto que las disfunciones sexuales tienen un impacto significativo en el funcionamiento interpersonal y la calidad de vida general tanto en hombres como en mujeres, además de su prevalencia generalizada.

3. Impacto de la disfunción sexual

La disfunción sexual se refiere a un problema que

ocurre durante cualquier fase del ciclo de respuesta sexual, que impide que el individuo o la pareja esté satisfecha con la actividad sexual. Tradicionalmente, el ciclo de respuesta sexual incluye excitación, meseta, orgasmo y resolución. El deseo y la emoción son ambas partes de la fase de excitación de la respuesta sexual. Los problemas que ocurren durante un tiempo prolongado en cualquiera de estas tres fases conducen a disfunciones sexuales.

La disfunción eréctil (DE) en los hombres y el trastorno del deseo sexual hipoactivo (TDSH) en las mujeres son las disfunciones sexuales más frecuentes. Otros problemas masculinos que pueden surgir son problemas con el TDSH y la eyaculación. Otros problemas femeninos son la dificultad del orgasmo y la dispareunia (relaciones sexuales dolorosas).

F. Estreñimiento

1. Descripción

El estreñimiento es una afección común que afecta a individuos de todas las edades. Puede significar que no evacuas regularmente, o no puedes vaciar el intestino. Las enfermedades también pueden causar heces duras y abultadas, así como heces inusualmente grandes o pequeñas. La gravedad del estreñimiento varía de individuo a individuo. Muchas personas experimentan estreñimiento sólo por un corto período de tiempo, pero el estreñimiento puede ser una condición a largo plazo (crónica) para otras personas, que causa dolor y malestar significativos y afecta la calidad de vida.

2. Prevalencia del estreñimiento

El estreñimiento es un trastorno funcional gastrointestinal ordinario (GI). La prevalencia del estreñimiento en la población general es de alrededor del 20 por ciento aunque, dependiendo de la definición utilizada y de la población estudiada, puede variar del 2 al 27 por ciento en cualquier lugar. Un estudio basado en la población reportó una mayor incidencia acumulativa de estreñimiento crónico (EC) en comparación con una población más joven en los ancianos (20 por ciento). En las mujeres de edad avanzada, el estreñimiento severo es más común, con tasas de estreñimiento de dos a tres veces más altas que sus contrapartes masculinas.

Encuestas de la Entrevista Nacional de Salud, la Descarga Hospitalaria Nacional, la Atención Médica Ambulatoria Nacional de los Estados Unidos, y las Estadísticas Vitales de los Estados Unidos han estimado que el estreñimiento es frecuente en más de 4 millones de personas en los Estados Unidos, correspondiente a una prevalencia de alrededor del 2 %. El estreñimiento fue la queja digestiva más común en Estados Unidos, superando todas las demás afecciones gastrointestinales crónicas. Los médicos generales y familiares o internistas recetaron catárticas y laxantes a 2 a 3 millones de pacientes al año. El estreñimiento fue incluido entre los diagnósticos de alta en 92.000 hospitalizaciones anuales. Aproximadamente 900 personas mueren anualmente a causa de enfermedades relacionadas con el estreñimiento, u otros padecimientos relacionados. En las mujeres, el estreñimiento era tres veces más común que en los hombres. Después de los 65 años, mostró un marcado aumento. Parecía 1,3 veces más frecuentemente afectando a los no-blancos, que a los blancos. Además, el estreñimiento era más frecuente en las personas que vivían en el sur que en otros lugares de los Estados Unidos, y en las personas de familias de bajos ingresos, o de una baja educación familiar, que en personas de familias de altos ingresos, y de de educación alta. Estos datos sugieren que, además del contenido de fibra dietética y las influencias psicogénicas, hay otros factores involucrados en la causa del estreñimiento.

3. Impacto del estreñimiento

En la población general, el estreñimiento crónico es muy frecuente (una prevalencia del 14 %). El tipo de estreñimiento sin causa definitiva se le conoce generalmente como estreñimiento idiopático crónico (EIC). A pesar de que este trastorno es generalmente banal, tiene un impacto personal, social y de salud significativo. Varios estudios asociaron el EIC con altas tasas de ausencia en el lugar de trabajo, e interrupción de la actividad rutinaria. Todos estos factores resultan en un alto gasto directo e indirecto en atención médica. Físicamente, el impacto de la colitis ulcerosa, o la enfermedad de Crohn en los pacientes ha sido compensado por el EIC que requiere atención especializada. Por un lado, los efectos psicológicos del EIC exceden la artritis reumatoide o la hemodiálisis.

EMERGENCIA DE MEDICINA COMPLEMENTARIA Y ALTERNATIVA (MCA)

DEFINICIÓN Y OBJETIVO DE MCA

Medicina alternativa es el término para productos médicos y prácticas excluidas de la atención médica estándar. La atención convencional o tradicional es la práctica de médicos, médicos de osteopatía y profesionales de la salud asociados, como enfermeras y fisioterapeutas. Las personas se dedican a la medicina alternativa en lugar de la práctica estándar. Un ejemplo es la terapia de quelación (que busca eliminar el exceso de metales en la sangre) para tratar enfermedades del corazón, en lugar de usar un enfoque estándar. La homeopatía, la medicina tradicional, la quiropráctica y la acupuntura son ejemplos de prácticas alternativas.

La medicina complementaria y la medicina alternativa no son sinónimos. Mientras que la medicina complementaria se utiliza junto con la medicina convencional, la medicina alternativa se emplea para reemplazar la medicina tradicional.

El tratamiento holístico es la filosofía central de la medicina alternativa. Los defensores de la medicina alternativa creen en la capacidad del cuerpo para curarse a sí mismo, y que el tratamiento debe involucrar el cuerpo, la mente y el espíritu. La atención a través de esta terapia es personalizada y variada en función de los síntomas. Una relación entre el paciente y el profesional se caracteriza por una cooperación que alienta al paciente a abrirse y proponer opciones de tratamiento, esto es fundamental para un enfoque alternativo a la atención.

Influencia de la MCA

Por varias razones, las personas recurren a la medicina alternativa. Algunos están de acuerdo con la filosofía de la Medicina Tradicional China, y a otros les gustaría ampliar sus opciones de tratamiento, mientras que otros se sienten frustrados por la falta de sanidad de sus enfermedades por parte de la medicina convencional. En el sector salud, la medicina alternativa es un tema de discusión creciente. Los escépticos de la medicina alternativa a menudo perciben la falta de evidencia científica que apoya opciones de tratamiento alternativo en comparación con los estudios de medicina convencional que apoyan medicamentos y cirugías. Este escepticismo ha atraído a los investigadores a llevar a cabo estudios de tratamiento como la acupuntura, la terapia de masaje, la meditación y el yoga. Aquellos en el medio concluyen que aunque algunos tratamientos tienen evidencia suficiente para apoyar su potencial de curación, los pacientes deben tener cuidado de aceptar todas las opciones de tratamiento alternativo a ciegas.

El número de escuelas de medicina que ofrecen programas y cursos de medicina alternativa ha transformado la educación sanitaria. El 50,8 por ciento de los 130 sitios web de escuelas de medicina en los Estados Unidos que fueron analizados sistemáticamente en sus listados de cursos y contenido ofrecieron al menos un curso de MCO, o una pasantía. Siete programas naturopáticos han sido acreditados a través de ocho campus de América del Norte por la Asociación Americana de Colegios Médicos Naturopáticos (AANMC, siglas en inglés). El Consejo Universitario de Acupuntura y Medicina Oriental ha aprobado 57 escuelas de acupuntura.

En el mercado de suplementos y auto-cuidado, el interés de los consumidores en el cuidado preventivo y las opciones de tratamiento alternativo ha impulsado el crecimiento. La inversión en suplementos de productos naturales en 2012 fue de $12,8 mil millones, según el Centro Nacional de Estadísticas de Salud, y los gastos en auto-cuidado fueron cercanos a $2,7 mil millones. Según una investigación de McKinsey, el mercado estadounidense de vitaminas, minerales y suplementos nutricionales y herbarios (VHMS), valorado en $82 mil millones, fue aproximadamente el 28 por ciento del mercado global en 2013. Se espera un crecimiento de entre el 5% y el 6% de VMHS al año, tanto en los Estados Unidos como en todo el mundo. Este interés en la prevención de enfermedades ya ha aumentado sustancialmente la demanda de nutriólogos y dietistas, y es probable que continúe haciéndolo en un clip rápido. A principios de la década de 1990, el Centro Nacional de Salud Complementaria e Integrada (NCCIH por sus siglas en inglés) apoyaría la investigación nacional de terapia alternativa y complementaria. El sitio web de la agencia publica regularmente los resultados de estudios que cubren tratamientos como MBSR, terapia cognitivo-conductual (TCC) y acupuntura, con un presupuesto de $50 millones dedicado a la investigación de tratamientos que no involucran productos farmacéuticos o cirugía. A medida que esta organización y otros arrojan una luz más fuerte sobre la eficacia de los diversos tratamientos de MCA, es probable que un ciclo autoalimentado lleve a más investigaciones, más profesionales certificados en MCA, y más consumidores dispuestos a explorar opciones de atención médica alternativas y complementarias.

Modalidades MCA

Medicinales de hierbas

Muchos tipos de medicina alternativa son denominadas "natural", "biológica", "alternativa", "auto-curativa" u "holística", lo que significa que todo se trata de tratamiento corporal, espiritual y del alma. La mayoría de las mujeres, las personas altamente educadas, las personas con enfermedades crónicas, y las personas con un estilo de vida consciente de la salud toman medicina alternativa, a menudo no como sustituto, sino como un suplemento a lo convencional.

Naturopatía y homeopatía

Se creía que la naturaleza posee una fuerza vital de poder sanador en la Antigüedad y la Edad Media. La naturopatía asume que el cuerpo está expuesto a efectos naturales como la luz solar, el aire, el agua y la tierra, y sustancias como plantas, hierbas y alimentos. Los operadores de naturopatía creen que estos tratamientos naturales ayudan a restaurar la capacidad inherente del cuerpo a auto-sanar sin los efectos perjudiciales de la medicina convencional.

La homeopatía es un método de tratamiento médico alternativo basado en las ideas del médico alemán Samuel Hahnemann (1755-1843). Sigue el principio de semejanza, que es sanar lo mismo con lo mismo. Esto significa que las sustancias básicas de la enfermedad se diluyen y se administran al paciente con agua o etanol. En la vacunación de hoy, donde se inyecta una pequeña dosis del agente patógeno para producir células inmunitarias, también aplica este principio.

Ayurveda

Ayurveda es un arte curativo Indio tradicional que tiene sus raíces en la India, Nepal y Sri Lanka, así como sus principales partidarios. Se estima que es el sistema de atención de salud tradicional más antiguo con al menos cinco mil años de edad. La figura mística Dhanvantari es considerada la fundadora del Ayurveda, el médico de los dioses y el origen de toda la medicina. En la India, Ayurveda es ampliamente aceptado e implementado como un método médico.

Ayurveda traducido significa sabiduría de la vida, o ciencia de la vida. Es una combinación de experiencia y sistema de creencias que se centra en la salud humana y los aspectos físicos, mentales, emocionales y espirituales relacionados con la enfermedad. Un equilibrio entre los componentes del cuerpo está disponible dependiendo de la salud y la enfermedad. La influencia interna y externa puede ser responsable de la falta de equilibrio que resulta en la enfermedad.

El masaje, la purificación, la dieta, el yoga y la fitoterapia son los aspectos clave de Ayurveda. Algunos medicamentos ayurvédicos están bajo sospecha de contener metales pesados como plomo, arsénico y mercurio. El uso regular de sustancias ayurvédicas puede conducir a una intoxicación o alteración del tracto digestivo. Un informe publicado en *The Telegraph* en agosto de 2015 alegó que la toma de medicamentos ayurvédicos había envenenado con mercurio a una mujer de 55 años en Sri Lanka.

Medicina Tradicional China (MTC)

Hace más de 3000 años, la medicina tradicional

china (MTC) surgió en China. MTC tiene como objetivo equilibrar el flujo de energía regular del cuerpo. La MTC consta de cinco pilares, incluyendo acupuntura, farmacoterapia, tratamientos dietéticos, masajes (como Tuina o Shiatsu), y terapia de movimiento (como Qi-Gong y Tai-Qi).

El principio de la acupuntura es que la energía vital del cuerpo (que es el Qi) circula a través de nuestra colección en caminos principales definidos o meridianos, y tiene influencia en todas las funciones del cuerpo. El flujo de energía perturbado es responsable de las enfermedades. Colocar agujas en los meridianos del flujo Qi en los puntos de acupuntura es una manera de corregir tales perturbaciones.

La farmacoterapia utiliza plantas medicinales, también en minerales y componentes de animales en casos raros. Puede causar interacción e incompatibilidad mediante la combinación de más de 500 sustancias activas. Los pesticidas, los metales pesados, etc. corren un riesgo particular de contaminación por drogas privadas.

Qi-Gong es una forma de meditación china, concentración y movimiento para el cultivo del cuerpo y la mente. La práctica incluye ejercicios de respiración, ejercicios de forma y movimiento, ejercicios de concentración y meditación. Las actividades deben apoyar la armonización y regulación del flujo Qi del cuerpo.

La MTC es la forma de tratamiento médico más completa del mundo. La acupuntura se practica en todo el mundo en particular. Pero aún así, debido a la falta de evidencia científica, muchos detractores rechazan la MTC. No hay pruebas que demuestren, por ejemplo, que los supuestos meridianos existan. Debido a la extinción de estas especies, en especial el uso de componentes animales como el hueso del tigre es muy criticado. Desafortunadamente, todavía hay mucho tráfico de este tipo de productos en el mercado negro.

Terapias de sanación energética

Estas se centran en los campos de energía del cuerpo que muchas personas creen que existe. La siguiente categoría incluye:

- La terapia de campo magnético utiliza campos eléctricos o magnéticos para tratar muchos problemas musculo-esqueléticos. Los estudios muestran que la osteoartritis y otras condiciones de dolor pueden funcionar. Evidencias mostraron que podría acelerar la duración en la sanación de la fractura. La terapia de campo magnético puede no ser segura si estás embarazada, tienes un dispositivo cardíaco implantado, utilizas una bomba de insulina, o tomas un medicamento administrado por parches.

- Reiki. Aquellos que practican este tratamiento alternativo creen que para acelerar la curación; se aprovecha la energía natural del cuerpo. El practicante flota sobre tu cuerpo con sus manos o las coloca sobre tu piel ligeramente. El objetivo es canalizar la energía a tu cuerpo para fomentar la curación a través de sus manos. Hay muy poca investigación o pruebas de su eficacia.
- El toque de la terapia ("curación")..' Aquí, en el campo de energía de una persona, un terapeuta utiliza su energía curativa para identificar y reparar los desequilibrios. A diferencia del Reiki, el terapeuta no te toca. Está moviendo sus manos sobre tu cuerpo de un lado a otro. Las investigaciones muestran que el tacto curativo en las personas con cáncer puede reducir la ansiedad. Puede mejorar tu sensación de bienestar – y de

estar bien. Pero no está claro si también funciona en otras cosas.

Beneficios de MCA

Las ventajas de MCA incluyen su diversidad y flexibilidad; su disponibilidad y asequibilidad en muchas partes del mundo; su aceptación generalizada en los países de ingresos bajos y medianos; su costo relativamente bajo; y el nivel relativamente bajo de insumos tecnológicos necesarios. Como resultado, MCA tiene el potencial de contribuir a un mejor sistema de atención de la salud en muchos países. Sin embargo, mas investigación es necesaria para mejorar la base de evidencia sobre la eficacia de la mayoría de las terapias MT (medicina tradicional) / MCA. Las medidas necesarias para facilitar los esfuerzos de investigación incluyen el reconocimiento legal de MT / MCA, un aumento en fondos para su investigación, el desarrollo de métodos de investigación adecuados para evaluar terapias específicas MT / CAM, y el desarrollo de sistemas de protección IP.

1. Costo

Las terapias alternativas para la medicina pueden ser menos costosas que las terapias convencionales. Si bien algunas terapias alternativas no son baratas, muchos remedios a base de hierbas, y otros tratamientos naturales siguen siendo menos costosos que los medicamentos y tratamientos recetados. Las sesiones de acupuntura y quiropráctica pueden costar mucho menos que los tratamientos convencionales para la terapia del dolor.

2. Efectos secundarios

En la mayoría de los casos, a diferencia de los efectos frecuentes y a veces graves de muchos medicamentos recetados y otros tratamientos médicos convencionales, las terapias alternativas eficaces tienen menos o ningún efecto secundario. Pero incluso los remedios naturales y otras terapias alternativas a veces pueden causar efectos secundarios adversos dependiendo de la edad y las condiciones médicas de una persona.

3. Esperanza hacia enfermedades terminales

Las terapias de medicina alternativa utilizadas junto con tratamientos médicos convencionales pueden aliviar algunos de los síntomas del cáncer y reducir los efectos secundarios adversos de los tratamientos médicos tradicionales. La quimioterapia puede producir efectos secundarios desagradables, aunque puede ser útil para aumentar la tasa de supervivencia de muchos pacientes con cáncer. Algunos pacientes con cáncer son más capaces de tolerar tratamientos de quimioterapia cuando se utiliza terapia alternativa como la acupuntura para controlar efectos secundarios como fatiga, dolor de cabeza, náuseas, vómitos, sudores nocturnos y dolor.

4. Tasa de aceptación

Las terapias MCA están generalmente disponibles y se utilizan en países de ingresos bajos y medianos, ya que es costeable. Las encuestas realizadas por el Programa de la OMS para revertir el paludismo en 1998 mostraron que más del 60% de los niños con fiebre alta reciben tratamiento con medicamentos a base de hierbas en el país en Ghana, Malí, Nigeria y Zambia.

3

CHAKRA COMO TÉCNICA CURATIVA

¿QUÉ SON LOS CHAKRAS?

Definición

La palabra en Sánscrito Chakra se traduce literalmente en "rueda" o "disco". Este término se refiere a las ruedas de energía en todo el cuerpo como se describe en el yoga, meditación y Ayurveda. Siete chakras principales se alinean a través de la base de la columna vertebral, a la corona de la cabeza. Imagina una rueda arremolinada de energía en la que la materia y la conciencia se encuentran para visualizar un chakra en el cuerpo.

La energía invisible, llamada Prana, es una esencial fuerza vital que mantiene el cuerpo vivo, vibrante y saludable. Los chakras tienen la responsabilidad amorosa de absorber, incorporar y emanar energía para mantenernos trabajando en niveles óptimos.

La importancia de los Chakras principales

Las ruedas de energía giratorias de Chakra coinciden con los enormes centros nerviosos del cuerpo. Cada uno de los siete chakras principales contiene paquetes de nervios y órganos principales, así como nuestro estado de ser psicológico, emocional y espiritual. Puesto que todo se está moviendo, mantener nuestros siete chakras principales abiertos, alineados, y fluyendo es esencial. Si uno de los centros de energía no funciona bien, los otros no funcionarán tan bien como deberían. Algunos de ellos pueden incluso trabajar demasiado duro, o en exceso (tercer ojo, este chakra de pensamiento excesivo es típico), que también ocasiona un cambio de estado de nuestros cuerpos y emociones.

Origen e Historia de Chakras

Los Vedas son la tradición escrita más antigua de la India (1.500-500 a.C.) registrada por los hindúes de casta superior de la tradición oral, que pudieron haber descendido de la población aria del norte que entra en la India. El significado original de la palabra chakra como "rueda" se refiere a las ruedas de carroza de los gobernantes, llamados cakravartins. (La ortografía correcta es cakra, aunque pronunciada como "chakra") La palabra también era una metáfora del sol que cruza el mundo como un carro triunfante de cakravartin, y significa la rueda infinita del tiempo llamada Kalachakra, que representa el orden divino y el equilibrio.

Se decía que el nacimiento de una cakravartina anunciaba una nueva era, y se describía como un disco dorado de luz, similar al halo de Cristo; sólo que dicho disco giratorio fue visto antes que ellos (tal vez sus terceros chakras fuertes). También se dice que con un cakra (arma con forma de disco), una flor de loto, un palo, y una concha de mar en sus cuatro brazos, el dios Vishnu descendió a la Tierra.

En los Yoga Upanishads (alrededor de 600B. C.) y más tarde en el Patanjali Yoga Sutras (alrededor del 200 a.C.), hay cierta mención de los chakras como centros psíquicos de conciencia. La mayoría de las interpretaciones de Patanjali leyeron un dualismo entre Purusha (conciencia pura) y Prakriti (el materia primordial del mundo), lo que implica que el objetivo del yoga era elevarse por encima de la naturaleza, libre de fluctuaciones mentales y emocionales, para hacer conciencia pura. Para una síntesis más clara, la palabra yoga significa unión o yugo; esta realización del conocimiento es la reintegración definitiva con la naturaleza.

El sistema chakra y el yoga Kundalini surgió en la tradición tántrica durante la segunda mitad del primer milenio. La palabra Tantra significaba estirar (tan) herramienta (tra) y vista como una telaraña en donde el tejido de la naturaleza se teje de la unión de opuestos. Tantra, en el Occidente, se considera principalmente como una tradición sexual, pero la sexualidad sagrada es sólo una pequeña parte de un amplio tejido de filosofía que incluye muchas prácticas de yoga, adoración de una deidad, especialmente las diosas hindúes, y la integración de las muchas fuerzas oláricas del universo.

El texto principal sobre los chakras que nos llegó del Oeste es una traducción del libro, El Poder de la Serpiente, publicado en 1919 por el inglés, Arthur Avalon. Estos textos: el pundit indio de 1577 Sat-Cakra-Nirupana, y el Padaka-Pancaka del siglo X contienen descripciones de los centros y prácticas relacionadas. También hay otro texto del siglo X, llamado Gorakshashatakam, que da instrucciones para la meditación de los chakras. Estos textos son la base de nuestra comprensión de la teoría actual del chakra, y el yoga Kundalini.

Estas tradiciones abarcan siete chakras primarios, todos los cuales existen en el cuerpo sutil que superpone el cuerpo físico. A través de la fisiología moderna, podemos ver que estos siete chakras corresponden precisamente a los siete ganglios del nervio central de la columna vertebral. Los textos antiguos mencionan chakras menores, el chakra soma, situado justo por encima del tercer ojo, y el loto Anandakanda, que contiene el Árbol de Deseos Celestiales del Chakra del Corazón (Kalpataru), y otros textos mencionan subniveles menores a los principales chakras.

La Sanación Chakra como modalidad de sanación de energía

Desde la montaña o el océano más prominente, hasta la hoja de zacate más pequeña, hasta cada célula viviente en nuestro cuerpo, todo en nuestro universo emana energía. Todas nuestras células emiten energía de maneras específicas, y diferentes células emiten diferentes tipos de energía dependiendo de dónde y cuál es su rol dentro del cuerpo. Prana es el concepto hindú de una fuerza vital en todo el universo. Prana fluye a través del cuerpo humano a través de vías de energía llamadas nadis a través de siete chakras (de la palabra sánscrita que significa rueda o disco), que son centros de energía psíquica ubicados en puntos críticos arriba y debajo del sistema nervioso humano.

La energía del chakra gira en la dirección del reloj mientras mueve la energía de nuestro cuerpo al campo que nos rodea, y gira en sentido contrario a las agujas del reloj para extraer energía de nuestro mundo exterior (y a las personas en él) a nuestro cuerpo. Es el estado de frecuencias de nuestros chakras lo que determina la dirección en la que nuestra energía fluirá a medida que libera energía a nuestro cuerpo. Debido a que tu cuerpo quiere lograr un equilibrio dinámico en tus chakras, moverse demasiado lejos en cualquier dirección (inactivo o hiperactivo) puede producir efectos adversos en tu cuerpo, y ser contraproducente en el proceso de sanación de la energía corporal y los chakras.

Un chakra poco activo pone en marcha a otro

chakra, que a su vez extrae energía extra de esa parte correspondiente del cuerpo donde se ubica este último chakra. La curación de energía es una práctica holística que estimula el campo electromagnético invisible, o el sistema de energía del cuerpo para restaurar el flujo normal del cuerpo, y el equilibrio de energía, como es el objetivo de la curación de Chakras.

Todo sobre los Chakras Principales

El estudio de 7 chakras se origina en las tradiciones espirituales del Oriente, que consideran los siete chakras primarios como la base de nuestra existencia humana. Del mismo modo, los enfoques occidentales de hoy enfatizan los siete chakras como representaciones de diversos aspectos de nuestra vida, y describen su función en diferentes términos psicológicos, físicos, energéticos y espirituales.

Como comúnmente aceptado, el sistema principal del chakra humano consiste en siete chakras que se extienden desde la base de la columna vertebral hasta la corona de la cabeza. A continuación se presenta la información necesaria de cada chakra.

1. **Chakra de la Raíz**

2. **Color:** Rojo bermellón es el color típico utilizado para representar el chakra de la raiz. Este color rellena los pétalos en su símbolo. También se asocia tradicionalmente con el color amarillo u oro (a diferencia de sus pétalos, este es el color de su elemento). El rojo simboliza la fuerza, la vitalidad en el espectro de los colores del chakra, y estimula nuestras tendencias instintivas.

b. Símbolo: El símbolo del chakra de la raíz consiste en una flor de loto de cuatro pétalos, a menudo estilizada como un círculo con cuatro pétalos con un triángulo apuntando hacia abajo. El triángulo que apunta hacia abajo es un símbolo del espíritu de nuestros cuerpos conectando con la materia, un escudo en la tierra y nuestra existencia terrenal. Es visto como el centro de nuestra fuerza vital, y el lugar donde el Kundalini permanece enrollado, inactivo hasta que despierta para extender su energía a través de todos los otros chakras.

c. Ubicación: El primer chakra, o el chakra de la raíz se ubica en la base de la columna vertebral. Las ubicaciones correspondientes del cuerpo son el perineo en el plexo pélvico a lo largo de las tres primeras vértebras. Este chakra se representa a menudo como un cilindro de energía que comienza en la base de la columna vertebral, yendo hacia abajo y luego doblando ligeramente hacia arriba.

d. Término Sánscrito: El nombre oficial de este chakra, Muladhara, se deriva de las palabras Mula, que significa raíz y Dhara, que significa apoyo. En este viaje terrenal, Muladhara es responsable de tu sentido de seguridad. El chakra de la raíz es la base sobre la que estamos construyendo nuestras vidas. Nos ayuda a crecer y sentirnos seguros para explorar todos los aspectos de la vida. El primer chakra se compone de cualquier base que tengas en tu vida para la estabilidad. Incluye tus necesidades básicas como alimento, agua, refugio y seguridad, así como tus necesidades emocionales como dejar ir el miedo. Te sientes centrado y seguro cuando se satisfacen tales necesidades, y tiendes a preocuparte menos cada día.

e. Funciones:

Emocional:

- Seguridad
- Supervivencia
- Necesidades básicas (alimento, sueño, refugio, autopreservación, etc.)
- Física, identidad física y aspectos de tí mismo
- Centralización
- Apoyo y fundamento para vivir nuestras vidas

f. Órganos asociados: Glándulas suprarrenales, columna vertebral, sangre y órganos reproductivos

2. Chakra del Sacro

a. Color: El chakra sacro más comúnmente representado es el color naranja. Sin embargo, también puede tomar un tono de azul muy claro, o blanco en ocasiones más raras, ya que representa el elemento del agua. El naranja del segundo chakra es translúcido y transparente.

b. Símbolo: Para el chakra sacro, el nombre Sánscrito más común es "Svadhisthana", que significa "tu propio lugar". Asociados con él están el cuerpo emocional, la sensualidad y la creatividad. Su elemento es el agua, y como tal, el flujo y la flexibilidad caracterizan su energía. El principio del placer guía la función del chakra sacro.

c. Ubicación: El sitio más común para el chakra sacro está en el centro de tu vientre inferior, unas tres pulgadas por debajo del ombligo. Está a la altura de las vértebras lumbares en la espalda. Otros lugares notables descritos en varios sistemas expanden su sitio a la zona genital, particularmente a nivel de los ovarios de las mujeres, y los testículos en los hombres.

d. Término Sánscrito: Para el chakra sacro, el nombre sánscrito más común es "Svadhisthana", que significa "tu lugar". Su elemento es el agua, y como tal, el flujo y la flexibilidad caracterizan su energía. El principio del placer guía la función del chakra sacro.

e. Funciones:

Emocional

- Emociones, sentimientos
- Relaciones, socializar
- Expresión sexual, placer sensual
- Sentir los mundos externos e internos
- Creatividad
- Fantasías

El chakra sacro alberga una dimensión emocional. Es el centro de nuestras sensaciones y sentimientos. Es responsable de la sexualidad y la expresión de deseos sensuales y sexuales.

f. Órganos asociados: Riñones y órganos reproductivos: ovarios, testículos y útero

3. Plexo solar

a. Color: El color amarillo generalmente representa el chakra del Plexo Solar. A veces también se representa con rojo amarillento, ya que representa el elemento del fuego.

b. Símbolo: Los elementos principales del símbolo del Plexo Solar son un círculo con diez pétalos, y un triángulo que apunta hacia abajo. El triángulo invertido representa el elemento de fuego y el poder transformador de este centro de energía. El fuego convierte la materia en energía capaz de propulsión, avanzando. Los diez pétalos, como el color azul de la llama, a menudo se representan con el color azul.

c. Ubicación: parte superior del ombligo, y hasta el esternón

d. Término sánscrito: El nombre sánscrito más común del chakra del Plexo Solar es "Manipura", que significa "ciudad de joyas" o "lugar de gemas". Es donde yace nuestra fuerza, motivación, voluntad, y la habilidad de expresar nuestros deseos más profundos. Es la fuente de crecimiento personal y gobierna la autoestima, energía de guerrero, y poder transformador.

e. Funciones:

Emocional:

- Expresión de voluntad
- Habilidades intelectuales
- Poder personal
- En niveles más altos, transmite sabiduría

El propósito principal de este centro de energía es proporcionar un impulso real para seguir adelante y realizar los deseos e intenciones del mundo. Desempeña un papel clave en el desarrollo del poder personal. Alimenta la dirección de la vida y las acciones para alcanzar tus metas. Influye en el estatus social y en las preocupaciones de la propia imagen.

f. Órganos asociados: Sistema nervioso central, sistema digestivo (estómago e intestinos), hígado, páncreas, sistema metabólico

4. Chakra del corazón

a. Color: Mientras que la mayoría de nosotros pensamos en el color rosa cuando se piensa en el corazón, tradicionalmente este chakra está representado por el color verde. El cuarto color áurico de un chakra activo también puede ser rosa o rosa ahumado, de ahí nuestra famosa representación de amor como un corazón rosa.

b. Símbolo: Tradicionalmente, el símbolo del chakra del corazón consiste en:

- Círculo con 12 pétalos
- Un triángulo que apunta hacia abajo entrelazado con un triángulo que apunta hacia arriba, formando una estrella de seis puntas o hexagrama.

Los triángulos que se intersectan representan el elemento del aire y su calidad que abarca todo. También simbolizan la unión de principios aparentemente contradictorios o tipos de energías, como el hombre y la mujer, el espíritu y la materia. La estrella que forman evoca la combinación armoniosa de fuerzas, y enfatiza la función del chakra del corazón como un centro de integración y conexión. Los doce pétalos son a menudo en rojo.

c. Ubicación: centro del pecho, incluyendo el corazón, el plexo cardíaco, la glándula del timo, los pulmones y los senos.

d. Término sánscrito: La palabra sánscrita para el cuarto chakra es Anahata, que significa "no golpeado" o "no herido" El nombre implica que hay un lugar puro y espiritual bajo los dolores y agravios de experiencias pasadas donde no hay daño. Podrás pensar en los brazos como una expresión física del chakra del corazón por el cual los apretones de manos y abrazos cálidos nos conectamos con los demás. El chakra del corazón, o Anahata, colorea nuestras vidas con compasión, amor y belleza en su nombre sánscrito original. Se dice que el cuarto centro de energía une los deseos terrenales y espirituales, guiados por los ideales de transformación e integración.

e. Funciones:

Emocional:

Se trata de nuestro amor, compasión, arrepentimiento, conexión emocional y sentimientos de comprensión.

- Capacidad para amar
- Integración entre aspiraciones materiales y espirituales
- Trascendencia de identidad personal y limitaciones del ego
- Experiencia de amor y relación incondicionales
- Discernimiento centrado en el corazón
- Apreciación de la belleza en todas las cosas
- Experimentar vínculos profundos y significativos con los demás

El cuarto chakra está reuniendo los chakras inferior y superior. El chakra del corazón sirve como el centro de la unificación de la materia corporal y las aspiraciones más altas. La experiencia del corazón los integra sin concesiones y armoniosamente, lejos de ver estas energías como separadas. El chakra del corazón se trata de empatizar y relacionar. El acento aquí está en el amor, dar y recibir, y abrirse en cualquier relación. El amor es la energía que ayuda a transfigurar emociones y experiencias. Es un elemento esencial en cualquier relación, ya sea con los demás o con uno mismo.

El amor encontrado a través del cuarto chakra no se trata simplemente de romance, sino de ir más allá de las limitaciones del ego y preocupaciones personales, para abrirse más plenamente a la compasión y la aceptación tal como es. Cuando vivimos desde nuestro corazón con discernimiento y compasión, podemos ver y posicionarnos claramente ante cualquier situación, sin importar cuán difícil sea.

El chakra del corazón es también un centro donde se aprecia la belleza en la vida. Ver el mundo a través de un cuarto chakra adecuadamente equilibrado está en un estado de apertura y aceptación que nos lleva profundamente y cumpliendo en contacto con nuestro mundo y nosotros mismos.

f. Órganos asociados: Glándula del timo y sistema inmunológico, corazón, pulmones, senos, brazos, manos

5. Chakra de la garganta

a. Color: Azul turquesa o azul aguamarina representa el Chakra de la Garganta. También se puede ver el color áurico de la energía del chakra de la garganta como un púrpura ahumado o turquesa.

b. Símbolo: Inspirado por la luna, la pureza y el sonido cósmico, la imagen de chakra en forma de media luna, incrustada en un círculo blanco (o a veces azul claro), está rodeada de pétalos de loto.

Una explicación del significado de estos elementos es su relación con el objetivo final de la meditación: mezclarse con Akasha para alcanzar una conciencia más alta. La trascendencia de la conciencia humana es en sí misma un acto de purificación. El chakra de la garganta debe estar abierto y equilibrado para lograr este nivel de purificación.

c. Ubicación: El chakra de la garganta se asocia con el plexo braquial y faríngeo, y está conectado a la cavidad oral. Cuello y hombros también están vinculados a este chakra.

d. Término sánscrito: Para el chakra de la garganta, el nombre sánscrito más común es "Vishudda", que significa "puro" o "purificación." Este chakra está relacionado con el elemento del sonido. El sonido se propaga a través de la garganta en el aire, y su vibración se puede sentir no sólo en nuestros oídos, sino también en todo nuestro cuerpo. Es un importante instrumento de comunicación y expresión. Este chakra es el hogar de nuestra comunicación, y el lugar para purificar. La esencia del chakra Vishuddha es la combinación de fe y comprensión.

e. Funciones:

Emocional:

- Capacidad para expresar tu sinceridad,
- Comunicación
- Conexión al reino astral, reinos espirituales más sutiles y habilidades intuitivas
- La inclinación a crear, proyectar ideas y planos en la realidad
- Realización de tu vocación, propósito
- Buen sentido del tiempo

El chakra de la garganta se trata de tu auto-expresión: tu verdad, propósito de vida, creatividad. Ten en cuenta que este chakra también tiene una conexión natural con el segundo chakra, o chakra sacro, centro emocional y creatividad. El énfasis del chakra de la garganta es expresar y proyectar la creatividad en el mundo siguiendo su forma perfecta o autenticidad.

f. Órgano asociado: Tiroides, cuello, garganta, hombros, orejas y boca

6. Chakra del tercer ojo

a. Color: Más comúnmente, el color púrpura o azulado representa este chakra. El color áurico de la energía del chakra del tercer ojo también puede ser púrpura translúcido o blanco azulado. Se define por la calidad de su fluorescencia o brillo suave, más que por su color, que nos recuerda a la luz de la luna.

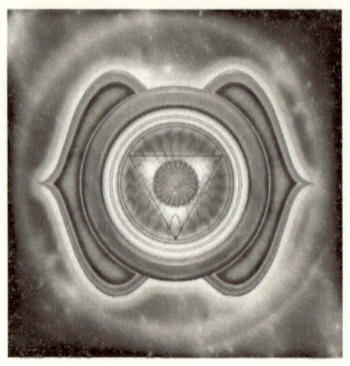

b. Símbolo: La imagen del símbolo del chakra del tercer ojo contiene dos elementos comúnmente asociados de la sabiduría: el triangulo invertido, y la flor de loto.

Al igual que los símbolos del chakra de la raíz y garganta, el triángulo invertido del símbolo del Tercer Ojo tiene un doble propósito en su simbolismo. La figura geométrica en forma de cono representa la canalización de la información, desde la cual la sabiduría florece a la semilla (o punto del triángulo). Del mismo modo, si miras desde la otra dirección en el triángulo, los lados que se abren, son indicios del crecimiento de la sabiduría que se dirige a la iluminación. La imagen de la flor de loto es un símbolo casi universal del conocimiento. La flor de loto representa la prosperidad, la belleza, la fertilidad y la eternidad en asociación con Brahma, el dios hindú de la creación.

c. Ubicación: La ubicación más aceptada para el sexto chakra está entre las cejas, ligeramente por encima del puente nasal.

d. Término sánscrito: El nombre sánscrito más común para el Chakra del Tercer Ojo es "Ajna", que significa "comando" y "percibir". Un chakra espiritual que significa "más allá de la sabiduría", este es el centro de la intuición. Ajna te lleva a un conocimiento interno que, si lo dejas, te guiará: te sentirás guiado, capaz de confiar en el proceso de vida, y creer que tu presencia es una parte integral del tejido de la vida.

e. Emocional:

- Conocimiento previo e intuición
- Discernimiento de dimensiones sutiles y movimientos de energía
- Habilidades sobrenaturales relacionadas con la clarividencia y clariaudiencia.
- Acceso a elementos místicos
- Conexión con la sabiduría, la perspicacia
- Impulsa la inspiración y la creatividad

Un chakra del tercer ojo es una herramienta para percibir las cualidades más sutiles de la realidad. Entra en el reino de las energías sutiles más allá de los sentidos físicos. El despertar de tu tercer ojo te permite abrirte a la percepción intuitiva, y a la sensibilidad.

f. Órganos asociados: Pituitaria, ojos, ceja, la base del cráneo, biorritmos

7. Chakra de la corona

a. Color: El color más común del chakra de la corona es el color blanco, aunque el púrpura profundo lo representa en muchas ilustraciones. El color áurico de la energía del chakra de la corona es oro, blanco o luz brillante.

b. Símbolo: El símbolo del chakra de la corona se

representa como una flor de loto de color violeta de 1.000 pétalos, independientemente de la tradición o artista. La flor de loto a menudo simboliza pureza, renovación y belleza.

c. Ubicación. La ubicación más aceptada del séptimo chakra está en la parte superior de la cabeza, o ligeramente por encima de la cabeza. Posando como una corona, irradia hacia arriba, de ahí su nombre.

d. Término sánscrito: El nombre sánscrito "Sahasrara" que significa "mil pétalos" se utiliza a veces para designar el séptimo chakra.

e. Funciones:

f. Emocional: Este chakra nos conecta con una fuente divina, Dios o conciencia universal

- Atención plena
- Conciencia de una conciencia superior, y sabiduría
- Conexión con lo que no tiene forma, los ilimitados
- El conocimiento, la liberación de los ejemplos limitantes

- Comunión con estados superiores de conciencia
- Deleite
- Dicha

El chakra de la corona se asocia con la trascendencia de nuestras limitaciones, ya sean personales, o vinculadas al espacio o tiempo. Es donde la paradoja se vuelve normal, donde uno parece ser lo contrario. La calidad de la conciencia que viene con el chakra de la corona es universal, trascendente.

g. Órgano asociado: Glándulas pituitarias y pineales, cerebro, hipotálamo, corteza cerebral, sistema nervioso central

BALANCE Y CONCIENCIA: LA CLAVE PARA LA SANACION DE CHAKRAS

Hacer conciencia si hay desbalance en los chakras

Probando tus Chakras

Una conciencia sobre cuáles de tus chakras podrían estar bloqueadas es clave para alinearlas. Nuestro sistema de mente-cuerpo está en constante movimiento para lograr el equilibrio, sólo cuando nos damos cuenta de nuestros desequilibrios podemos tomar los pasos necesarios para avanzar hacia un estado de totalidad. A medida que integras la información de esta guía en tu vida cotidiana, tus chakras comenzarán a abrirse, y resplandecerás con el brillo de tu verdadero yo.

Puede sonar como una práctica enigmática para

regenerar y purgar tus chakras, pero es una manera efectiva de equilibrar tu cuerpo de energía, y establecer armonía y poder en tu vida.

Cada chakra puede ser probada y observada de múltiples maneras si está en equilibrio o no. Puedes redefinir tu salud y felicidad con el chakra en mente, y la intención puesta en la armonía y el equilibrio.

Para inculcar la familiarización de tu sistema de chakras, y cómo determinar qué chakras necesitan equilibrio, se proveen respuestas a preguntas y métodos prácticos para ayudarte a sanar la energía de tu cuerpo.

La energía innata siempre fluye a través de nuestros cuerpos para mantener la actividad vital. En esta bioenergía, el cuerpo tiene siete canales centrales llamados "chakras". Chakra en Sánscrito significa "rueda" o "círculo", porque la energía vital en el cuerpo humano se reúne en un torbellino circular, formas similares a las ruedas centradas en la ubicación de cada uno de los siete chakras .

Los chakras se están extendiendo a lo largo de la columna vertebral, desde la base hasta la corona de la cabeza. Sin embargo, no existen en lugares anatómicamente específicos, porque forman parte del reino energético. Los chakras son como un poste central de electricidad con cables eléctricos que se extienden desde la pared interior a diferentes lugares.

Los siete chakras controlan el flujo de meridianos, canales de energía en nuestros cuerpos. Regulando nuestros nervios autónomos, los chakras controlan funciones vitales como el corazón y la frecuencia respiratoria, glucosa en la sangre, e incluso patrones de sueño y vigilia. Imagínate lo enriquecida que sería la vida si administraramos nuestros siete chakras, y los mantenemos saludables.

Identificación del desequilibrio de Chakras

Chakra de la raíz

Pregúntate a ti mismo: ¿Sientes ansiedad, falta de energía física, o te sientes honestamente castigado?

Hiperactividad:

Un chakra de raíz hiperactivo causará problemas como ansiedad y nerviosismo. Esta reacción ocurre debido a la presión de sobrevivir junto con el miedo al fracaso. Ese es el papel del miedo: mantenernos vivos. Por lo tanto, incluso cuando no hay una amenaza real, un chakra de la raíz hiperactivo gritará mensajes de supervivencia; por lo tanto, tendrás problemas de ansiedad. Físicamente, puedes tener síntomas de insomnio, inquietud, peso poco saludable (obesidad, o un trastorno alimenticio), estreñimiento, calambres, fatiga o clemencia.

Inactividad:

Los chakras se extienden a lo largo de la columna vertebral, desde la base hasta la corona de la cabeza. Sin embargo, no existen en lugares anatómicamente específicos, porque forman parte del reino energético. Los chakras son como un poste central de electricidad con cables que se extienden desde la pared interior a diferentes lugares. Si tus necesidades de supervivencia han sido atendidas en general. Si ese es el caso, es posible que experimentes sueños durante el día, problemas para concentrarte, o simplemente sentirte con la "cabeza" en las nubes." La gente puede decir que eres "cabeza hueca" o "distraido", lo que no pareciera un gran problema, pero es importante ser equilibrado y conectado.

Chakra sacro

Pregúntate a ti mismo: ¿Tienes bloques creativos, problemas de intimidad, o una incapacidad para fluir con el cambio?

Hiperactividad:

A menudo, cuando nos enfrentamos a cosas como la adicción y la glotonería, el chakra sacro es hiperactivo. El placer es bueno, y nunca debes sentirte culpable de disfrutar de las cosas buenas que la vida tiene para ofrecer. Sin embargo, si te gustan las cosas que no nutren tu alma o te hacen saludable, entonces tu chakra sacro probablemente esté desequilibrado. Los síntomas incluyen adicción, obesidad, desequilibrios en las hormonas y agitación.

Inactividad:

Si concentraste tu tiempo centrándote en cosas prácticas sin disfrutar de los frutos de tu trabajo, tu chakra sacro podría ser inactivo. Como resultado, puedes encontrarte con depresión, impotencia, disminución del deseo sexual, y la falta de pasión y creatividad

Chakra del plexo solar

Pregúntate a ti mismo: ¿Tienes baja autoestima, falta de fuerza de voluntad o miedo al rechazo?

Hiperactividad

El chakra del plexo solar se vuelve hiperactivo cuando el poder que tenemos sobre nuestras propias vidas se extiende a la vida de otras personas. Cuando este chakra es sobre estimulado, puedes llegar a ser temperamental, controlador, codicioso, e insensible. Puedes sufrir de problemas, e incluso desequilibrios funcionales, específicamente en tus órganos internos, como el apéndice, páncreas, hígado, y los riñones.

Inactividad:

Es posible que nos quedemos con una escasez de energía en nuestro 3er chakra cuando otra persona, o circunstancias atenuantes nos quitan nuestro poder. Puedes sentirte indeciso, inseguro, tímido y necesitado cuando esto sucede.

Chakra del corazón

Pregúntate a ti mismo: ¿Experimentas dificultades en relaciónes, falta de compasión, o falta de esperanza?

Hiperactividad

Cuando el chakra del corazón se vuelve hiperactivo, perdemos nuestros límites y comenzamos a tomar decisiones poco saludables por el bien de tus seres queridos. Se supone que debemos amarnos a nosotros mismos igual que a los demás, pero cuando el chakra del corazón es hiperactivo, siempre puedes encontrarse poniendo las necesidades de los demás antes que las tuyas.

Los síntomas incluyen: frecuencia cardíaca rápida, palpitaciones, ardor de corazón, y problemas relacionados con la comunicación interpersonal.

Inactividad

Muchas personas tienen un 4o chakra que es inactivo. La angustia, las frustraciones y las decepciones son parte de la vida, y sirven como una manera de inculcar lecciones sobre nosotros mismos, y sobre el mundo. Pero puede ser difícil no tomar estas lecciones personalmente. Sentirás que es difícil acercarte a alguien si tu chakra del corazón está inactivo. Es como construir una pared y distanciarse de los demás.

Físicamente, puedes sentirse inconsciente de tu cuerpo, y tener problemas cardíacos y circulatorios (presión arterial alta, palpitaciones del corazón, ataque cardíaco), mala circulación o entumecimiento, asma u otros trastornos respiratorios, cáncer de mama, articulaciones rígidas, o problemas articulares en tus manos.

Chakra de la garganta

Pregúntate a ti mismo: ¿Tienes problemas para comunicar tus pensamientos, o decir tu verdad?

Hiperactividad

Cuando hemos pasado mucho tiempo tratando de hacer oír nuestra voz, nuestro 5o chakra se vuelve hiperactivo. Si a menudo te has sentido ignorado o reprobado, tiendes a esforzarte más para ser entendido, dándote una voz más fuerte. Aquellos con chakras de garganta hiperactivos con frecuencia interrumpen a otros. Por lo general, se les dice que tengan una voz fuerte, o "amor para escucharse a sí mismos hablando".

Dolor de garganta, infecciones frecuentes, caries o úlceras bucales pueden experimentarse con el chakra de la garganta hiperactivo.

Inactividad

La ignorancia constante y la invalidación pueden llevarnos a reaccionar en dirección opuesta: apagamos nuestras voces, y nunca decimos nuestra verdad. Ser tímido o tranquilo es una señal de inactividad en el chakra de la garganta. Cuando tratas de decir tu verdad, es posible que te encuentres incapaz de expresar tus emociones, o luchar por las palabras.

Los síntomas físicos a menudo implican problemas digestivos, ya que la energía que se desvía del chakra de la garganta generalmente termina siendo "tragada", o enviada al tercer chakra.

Chakra del tercer ojo

Pregúntate a ti mismo: ¿Tienes dificultad para tomar decisiones, mala intuición, o falta de inspiración?

Hiperactividad

Tu 6to chakra es muy poco probable que sea hiperactivo.

La mayoría de nosotros estamos muy en sintonía con nuestra realidad física, y nos resulta difícil recibir información externa. Dicho esto, si tienes un tercer ojo hiperactivo, es probable que pases la mayor parte del tiempo absorto en actividades psíquicas como leer cartas de tarot, astrología, y experiencias paranormales. Estas actividades se vuelven abrumadoras cuando tu chakra del tercer ojo es hiperactivo, y te impiden vivir una experiencia humana.

Inactividad

La mayoría de las personas tienen un chakra 6 inactivo. Vivimos en un mundo donde el desarrollo intuitivo a menudo se invalida. Por eso cerramos nuestro Tercer Ojo, e ignoramos nuestras propias experiencias psicológicas. Si lo hacemos, es posible que nos sintamos desconectados de las experiencias espirituales.

Físicamente, en algunos casos, es posible que sientas problemas de visión, insomnio o los trastornos de sueño, e incluso las convulsiones.

Chakra de la corona

Pregúntate a ti mismo: ¿Experimentas soledad o falta de conexiones espirituales?

Hiperactividad

Tener un chakra de la corona hiperactiva no es posible. Es innatamente infinito, pues es la sede de la energía universal. En otras palabras, en el mundo material, no puedes existir y ser absorbido por la energía de la conciencia.

Inactividad

Se siente como ser un ser humano. Algunas personas podrían estar más cerca de lograrlo, mientras que otras podrían estar muy alejadas. En cualquier caso, te llevará más cerca de experimentar la energía de la conciencia en tu chakra de la corona, al practicar el desarrollo espiritual, y equilibrando tus otros chakras.

A. Equilibrio dirigido de cada Chakra

1. Actividades concretas que uno puede hacer para equilibrar cada Chakra

a. Chakra raíz

Elemento: Tierra

Camina a través del pasto, hunde tus dedos en la arena, o pasa tiempo solo en la naturaleza.

Color: Rojo

Decora tu hogar o lugar de trabajo en tonos de rojo, o usa ropa y joyería roja.

Afirmaciones:

Como en todas las declaraciones, puedes repetir estas declaraciones positivas varias veces al día, especialmente cuando sientas que tu chakra esté bloqueado. Querrás tratar de decir una o más de dichas afirmaciones del chakra raíz justo antes o después de meditar, o cuando estés listo para el día que está por delante:

- Estoy a salvo y seguro dondequiera que esté
- Estoy estable, centrado, y relajado en este momento.
- Todas mis necesidades de seguridad siempre se satisfacen.
- Tengo una mente y cuerpo sano
- Vivo una vida próspera.
- Estoy atado a la tierra y al universo.
- El universo nunca me abandonará. Guiará mi camino.
- Siento la apertura de mi chakra raíz, y creo en estabilizarme.
- Estoy seguro y feliz en casa.

b. Chakra sacro

Elemento: Agua

¡Date un baño! Pasa tiempo en cuerpos de agua como océanos, lagos y ríos.

Color: Naranja

Decora tu hogar o lugar de trabajo en tonos naranja, o usa ropa y joyería de color naranja.

Afirmaciones:

El uso de afirmaciones es una manera de reescribir

con creencias limitantes positivas, afirmativas y antiguas. Puedes crear poderosas afirmaciones de tipo chakra. Puedes hablarle cada vez que encuentres un detonante que bloquee el chakra sacro, o cuando estés preocupado de que tu chakra sacro podría desalinearte. Aquí hay algunas declaraciones sacrales a probar: "Merezco experimentar placer y tener mis necesidades satisfechas."

- Estoy seguro de que lo que ofrezco al mundo es suficiente.
- Es seguro para mí expresar mi yo sexual de maneras divertidas, creativas y saludables.
- Sé que puedo aceptar el cambio y hacer que mi futuro sea el mejor.
- Experimento cada día más y más felicidad y satisfacción.
- Estoy lleno de inspiración y potencial creativo.
- Mi cuerpo es vibrante, y dentro de él estoy cómodo.
- Soy una persona influyente y creativa, y me encanta lo que creo.
- Estoy listo para un cambio positivo, y un crecimiento profundo personal.

c. Chakra del Plexo Solar

Elemento: Fuego

Disfruta sentado con tus amigos alrededor de una hoguera. Absorbe la luz del sol.

Color: Amarillo

Decora tu hogar o lugar de trabajo en tonos de amarillo, o usa ropa y joyería amarilla

Afirmaciones:

La mayoría de las declaraciones están destinadas a ayudar a aumentar tu autoestima. Así, en ese sentido, casi cualquier afirmación positiva en el área del plexo solar puede reducir los bloqueos. Sin embargo, puedes crear frases específicas que le hablen directamente al chakra del plexo solar. Estas pueden ayudar a abordar los problemas subyacentes de baja confianza, o falta de propósito. Pruebe una o más de estas:

- Soy la encarnación de la paz y la confianza en el interior.
- Tengo alta autoestima y me siento mejor conmigo mismo todos los días.

- No necesitamos tener el control de todo en nuestras vidas.
- Soy resistente y a gusto con ese poder.
- Me siento motivado para perseguir mi propósito.
- Me libero de experiencias pasadas negativas.
- Soy ambicioso, capaz y listo para cumplir mi propósito.

Recuerda que cuando se trata de afirmar, puedes ser tan creativo como quieras. Cambia las palabras, elimina y añade como mejor te parezca. Además, como le dices a tu chakra - alineando la afirmación, tratar de poner tu mano en el área del plexo solar.

d. Chakra del corazón

Elemento: Aire

Respira profundamente. Salir y haz volar un papalote en un día ventoso. Abre las ventanas.

Color: Verde

Decora tu hogar o lugar de trabajo en tonos verdes, o usa ropa y joyería verde

Afirmaciones:

Puedes recitar afirmaciones todos los días para evitar posibles bloqueos, pero si piensas que puedes sentir el chakra del corazón cerrár, también puedes repetirlos. Estos son algunos buenos ejemplos:

- La alegría, la compasión y el amor son mis decisiones.
- Me amo incondicionalmente y ofrezco a los demás el mismo amor.
- Mi corazón está libre de todas las heridas pasadas.
- Conozco las emociones mías y acepto cualquier forma que tomen.
- Perdono a los demás. Cumplo el deseo de mi corazón todos los días.
- Estoy abierto al amor, y cada día recibo más de él.
- Doy amor libremente, y me trae alegría.
- Mi chakra del corazón está abierto, y estoy bien.
- Creo relaciones de apoyo y amor que son buenas para mí.

e. Chakra de la garganta

Elemento: Éter

Siéntate bajo un cielo azul en un espacio abierto, y medita o relájate. Escucha música relajante.

Color: Azul

Decora tu hogar o lugar de trabajo en tonos de azules, o usa ropa y joyería azul

Afirmaciones:

Fomentas un chakra de garganta saludable cada vez que haces una declaración que se siente honesto y preciso. Eso significa que no tienes que hacer todo lo posible para hacer afirmaciones del chakra de garganta. Tan solo adherirte a una práctica diaria de afirmaciones será un largo camino. Dicho esto, los practicantes de la sanación de chakras aconsejan que consideres añadir ciertas aserciones chakrales a tu lista. Estos son algunos útiles a tener en cuenta:

- No importa lo que sean, puedo vocalizar mis emociones.
- Mi voz es vital en este mundo. Me siento honrado, y lo expreso.
- Soy un oyente asertivo y un comunicador eficaz.
- Mis contribuciones cuando hablo son honestas pero equilibradas.

- En todas las situaciones, puedo encontrar las palabras correctas.
- Otros están escuchando mi voz.
- Hablo con facilidad a mis pensamientos reales.
- Suelta la duda a la hora de decir lo se supone que debo decir.
- Los otros siempre me entienden.

Haz esto en un espejo cuando digas estas declaraciones y observa cómo tus labios se mueven como lo haces. Esta práctica fortalece el impacto en el chakra de la garganta que sus palabras pueden tener, haciendo hincapié en su conexión de comunicación.

f. Chakra de tercer ojo

Elemento: Luz

Siéntate tranquilamente a la luz del sol. Relájate en un cuarto lleno de luz solar, lee un libro.

Color: Índigo

Decora tu hogar o lugar de trabajo en tonos índigo, o usa ropa y joyería de color índigo

Afirmaciones:

Reemplazar las frases negativas en creencias más

positivas, es lo que llamamos afirmación. Se pueden utilizar para ayudarte con todo, desde la pérdida de peso, a la búsqueda del amor, por lo que es también razonable usarlos para equilibrar chakras. En particular, querrás concentrarte en la espiritualidad, tus instintos, y tu sentido básico de existencia al crear afirmaciones del tercer ojo. Estos son ejemplos sencillos que puedes decir. Siéntete libre de hacer ajustes hasta sentirte bien:

- Estoy siguiendo el ejemplo de mi maestro interno.
- Sé cómo tomar las decisiones correctas, y puedo hacerlo fácilmente.
- Escucho mis intuiciones, y sé que me llevarán a mi meta.
- Estoy en el camino correcto. Vivo todos los días de acuerdo al propósito de mi vida.
- Estoy seguro de que mi tercer ojo me guiará.
- Tengo oportunidades ilimitadas a mi disposición.
- Soy una persona intuitiva, y sé lo correcto para mí.
- Seguir la guía de mi tercer ojo es seguro y sano.

- Mi tercer ojo está abierto a mi propósito y listo para ver.

g. Chakra de la corona

Elemento: Todos los elementos

Conecta con tu espiritualidad e integridad. Canta, ora o medita.

Color: Violeta

Decora tu hogar o lugar de trabajo en tonos violetas, o usa ropa y joyería de tono violeta

Afirmaciones:

Las afirmaciones son una conocida técnica de equilibrio de chakras. Todos ellos tienen como objeto aumentar la confianza, y como el chakra de la corona es la sede de la autoestima, es lógico que las afirmaciones generalmente fomenten un chakra de corona abierto. También, piensa en añadir a tu rutina diaria algunas de las siguientes declaraciones para el chakra de corona:

- Siempre actúo en conjunto con mi yo más alto.
- Estamos destinados a hacer la diferencia.

- Estoy armonizado con la energía divina del universo.
- Conozco mi verdad espiritual y vivo para seguirla.
- Estoy abierto a la guía divina hoy.
- Veo y abrazo la belleza del mundo.
- Con amor, emito luz que atrae a otros que traen amor a mi vida.

El uso de afirmaciones tiene mucho que ver con la preferencia personal, así que trata de hacer las afirmaciones a diferentes momentos del día. Podrías encontrar, por ejemplo, que decirlos antes del trabajo te preparará para un día positivo, o podrías sentir que recitarlos antes de acostarte asegurará un sueño tranquilo.

2. Chakracisios: Ejercicios simples para cada Chakra

a. Chakra raíz

Meditaciones de chakra raíz también pueden ayudarte cuando se trata de sanación en general. Las técnicas de meditación chakra son similares a las técnicas de meditación regulares, pero centrándose en un área particular del cuerpo. Prueba esta meditación simple pero efectiva del chakra raíz:

1. Siéntate con los hombros y columna bien derechos. Relájate y respira profundamente mientras cierras los ojos. Inhala por la nariz, introduce aire en el cuerpo lo más que puedas, y exhala por la boca.
2. Echa un vistazo a la ubicación del chakra raíz justo por debajo del coxis. Observa si hay tensión de cualquier área.
3. Debido al elemento rojo del chakra raíz, intenta imaginar un resplandor rojo en la base de la columna. Dicho resplandor se expandirá lentamente, calentando y relajando toda la zona. Descansa 3-5 minutos en esta sensación.
4. Abre lentamente los ojos cuando estés listo. Antes de continuar con tu día, siéntate por unos minutos.

Hay posturas de yoga que mejoran la funcionalidad del chakra raíz. Por ejemplo, las poses del yoga para el chakra raíz incluye Balasana, que implica acostarse boca abajo, descansar sobre las rodillas y las pantorrillas, luego estirar los brazos frente a ti conforme la cabeza se coloca entre ellos.

b. Chakra sacro

Las meditaciones de chakra sacro siguen varios de los mismos pasos que una práctica de meditación estándar, pero por lo general implican un componente de visualización que te ayuda a desbloquear el centro de poder de tu ombligo. Sigue estos pasos para hacer tu primera meditación del chakra sacro.

1. Siéntate en un lugar tranquilo y cómodo, donde no serás molestado. Mantén la columna recta y relaja las extremidades.
2. Haz diez respiraciones profundas y lentas.
3. Imagina tu chakra sacro como círculo naranja giratorio.
4. Dado que el elemento del chakra sacro es el agua, imagina la luz naranja del chakra extendiéndose a través de ondas, envolviendo lentamente todo tu cuerpo. Siente un calentamiento respuesta a ello.
5. Haz esto durante el tiempo que desees (preferiblemente durante al menos cinco minutos), luego, cuando estés listo, abre los ojos.

El yoga puede ser un suplemento sinérgico a tu trabajo chakral. Cualquier práctica de yoga ayudará a alinear los chakras, pero las posturas específicas apuntan al chakra sacro.

Prueba el Dvipada Pitham en particular, que implica acostarte boca arriba, y levantar las caderas mientras levantas los brazos, y por encima de la cabeza (apoyando tu cuerpo con los hombros por todas partes). Esta es una de las mejores poses de yoga para el chakra sacro.

c. Chakra del Plexo Solar

Para los principiantes, las técnicas de meditación del chakra del plexo solar son fáciles de hacer si estás acostumbrado a la práctica general de la meditación. Comienzan con varios minutos de respiración profunda, y luego puedes pasar a una etapa de visualización, una vez que estés adecuadamente relajado y enfocado en ayudarte a acceder al chakra del plexo solar:

1. Concéntrate en la parte superior del abdomen, donde reside el chakra del plexo solar.
2. Imagina una esfera redonda de luz amarilla brillante en el centro de la parte superior del abdomen, y concéntrate lentamente en hacer la energía más amplia y vívida.

3. Imagina la esfera girando a medida que crece, y el área se siente más cálido y relajado a medida que lo haces.
4. Deja que la energía se disipe por todo tu cuerpo después de 3-5 minutos, haz un par de respiraciones profundas, y abre los ojos.

Si deseas alinear o desbloquear el chakra del plexo solar, también puede añadir posturas de yoga a tu día. Expertos en chakra típicamente fomentan todas las formas de yoga, pero ejercicios específicos tienen más influencia ante la posición del chakra del plexo solar. Prueba la pose del niño, por ejemplo, que también tiene el beneficio de ser muy relajante:

1. Pon debajo de las rodillas una manta suave, o un cojín.
2. Siéntate sobre los talones, arrodíllate,
3. mueve las rodillas para que estén a la altura de las caderas.
4. Coloca el torso entre los muslos

d. Chakra del corazón

Ejercicios de atención plena simples como la respiración profunda, y el escaneo del cuerpo, fomentan la alineación de los chakras. Dicho esto, también puedes utilizar técnicas específicas de meditación de chakra del corazón al sentir que se desarrolla un bloqueo. A continuación, una de las mejores técnicas de meditación de chakra del corazón para principiantes:

1. Encuentra un lugar cómodo y relajante donde no te molesten.
2. Siéntate y respira durante unos minutos por la nariz y boca. Estate relajado mientras haces esto con tu cuerpo.
3. Imagina trazar una energía verde hacia tu corazón, a través de tu cuerpo, comenzando en la base de la columna, y moviéndose hacia arriba.
4. Imagina la energía solidificada en una bola de energía verde brillante, posando en el nivel de chakra del corazón. Ver la bola cada vez más grande y más brillante a medida que inhalas y exhalas.
5. Concéntrate en adaptarte a ti mismo y a los demás a los sentimientos de amor, permitiendo que la energía verde irradie a través de todo tu cuerpo. Emerge después de 3-5 minutos de la meditación.

También ten en cuenta que para la sanación de chakras, todas las formas de yoga son adecuadas. Sólo con añadir 10 minutos de yoga al inicio, o al final de tu día, fomenta la apertura y la alineación.

e. Chakra de la garganta

Idealmente, deberás hacer al menos 10 minutos de meditación para la sanación de la garganta una vez al día, pero podrás ver mejoras, incluso si practicas sólo un par de veces a la semana. Esto es lo que hay que hacer:

1. Siéntate en una silla cómoda, y en un lugar tranquilo.
2. Inhala y exhala tan profundamente como puedas diez veces. Inhala a través de la nariz, luego exhala a través de la boca.
3. Comienza en el vértice de la cabeza, escudriña el cuerpo e imagina los músculos relajarse conforme prosigues.
4. Imagina una bola giratoria de tono azul (el color del chakra de la garganta) cuando hayas hecho esto para todo tu cuerpo. Véalo en tu nivel de garganta, y imagina verlo brillar.
5. Ve la esfera azul crecer más y más grande,

centrándote en una sensación de apertura y
relajación en la garganta.
6. Permite que tu cuerpo disperse la energía,
luego abre los ojos cuando estés listo.

Mientras tanto, la postura de la cobra, el soporte del hombro, y la pose de pez son algunos de los mejores poses para el chakra de la garganta.

f. Chakra del tercer ojo

La meditación con el tercer ojo es sólo una de varias maneras de abrir ese chakra. Y hay un montón de técnicas para principiantes en la meditación del chakra, así que no te preocupes si nunca has probado la meditación. Aquí hay uno para empezar:

1. Siéntate y cierra los ojos cómodamente. Inhala y exhala lentamente diez veces.
2. Enfoca tu atención en la ubicación del chakra del tercer ojo; imagina una esfera de energía violeta en el medio de la frente. Recuerda, violeta es el color del chakra del tercer ojo.
3. Imagina la bola púrpura de energía cada vez más grande y cálida a medida que continúas

respirando lenta y profundamente. Imagina purgar la negatividad de tu cuerpo.
4. Recuerda absorber la energía del chakra del tercer ojo — déjate sentirlo por todas partes.
5. Cuando te sientas listo, abre los ojos.

g. Chakra de la corona

Todas las prácticas de meditación son buenas para mantener los siete chakras abiertos y alineados. La meditación fomenta la autoconciencia, la regulación de emociones, y la relajación. Además, hay técnicas de meditación chakra para principiantes dirigidos a cada chakra. Aquí están los pasos para ir a través de un simple reflejo del chakra de la corona:

1. Ponte cómodo, siéntate en el suelo con tu espalda y pies derechos.
2. Coloca las manos en tu regazo y gira las manos al cielo. Esta posición se llama la "mudra", y te ayudará a obtener energía.
3. Inhala por la nariz y exhala por la boca mientras los ojos se cierran.
4. Imagina la parte superior de tu cabeza con un loto. Mira los pétalos del loto desplegar mientras continúas respirando lenta y uniformemente, para mostrarte una luz

violeta brillante, el color del chakra de la corona.
5. Imagina que la luz se vuelve más y más brillante, calentando la corona de tu cabeza.
6. Deja que ese calor se extienda por todo el cuerpo hacia abajo.
7. Abre los ojos después de 5-10 minutos, y siéntate en silencio durante un par de minutos.

B. Selección de un sanador profesional de energías

Decidir quién será el practicante más apropiado para fomentar tu sanación interior, y el desarrollo espiritual, se puede lograr haciendo un sencillo trabajo individual preparativo para clarificar el objeto principal de tu misión. Al igual que cualquier actividad de planificación, tener un conocimiento preciso de tus necesidades y deseos te ayudará a elegir el método de curación de energía, los medios (uno a uno, grupal, en línea, en persona), y el practicante.

Propósito

El primer elemento que debe entenderse claramente es: por qué estás buscando la curación de energía. ¿Eres un sanador de trauma emocional? ¿Estás pasando por una enfermedad física, lesión, discapacidad o dolor que es extremadamente difícil? ¿Quieres mejorar tu comunicación con un amante o familiar, y tus relaciones? ¿O te va bastante bien y quieres continuar tu progreso como parte de tu desarrollo para ser más feliz?

¿No sabes cuál es tu propósito principal? ¿Tienes varias áreas de tu vida con las que necesitas ayuda? Tómate unos momentos con un papel y pluma en un lugar tranquilo y privado, y hazte las siguientes preguntas:

- ¿Qué áreas de mi vida podría mejorar?
- ¿Cuál es mi mayor impacto en esas áreas?
- ¿Qué está pasando en tal área de la vida, quiero ver? ¿Cómo otras áreas de mi vida mejorarán este aspecto de mi vida?

Hacerse a sí mismo y responder a este tipo de preguntas honestamente puede ayudarte a averiguar por dónde empezar. Ahora, esto no significa comenzar desde el área "más difícil" de tu vida. Al igual que el orden de las operaciones matemáticas, hay aspectos de tu vida que tendrán menos resistencia al cambio a comparación con ciertos aspectos de la vida que quieres mejorar, y que puedan tener más resistencia.

Si estás en una fase delicada de tu vida, recomendamos que reconozcas tus dificultades, y tengas mucha compasión de en dónde te encuentras mismo: prueba una sesión de sanación de energía enfocada en la curación como Reiki, o Sanación Energética Intuitiva, antes de pasar a cursos de coaching de vida / desarrollo personal más basados en la acción. En la siguiente sección, vamos a hablar más sobre esto.

Practicante

Una vez que descubras qué método de curación te beneficiaría más, y si quieres recibirlo en grupo, o individualmente (o uno a uno), en persona, o en línea, el siguiente paso es definir la persona exacta de quién quieras recibir la sanación.

Entonces, ¿cómo vamos a seleccionar a la persona? Usa tu intuición. Si ves, escuchas o interactúas con ellos, ¿cómo te sientes? ¿Te sientes cómodo, avergonzado o tenso? Es esencial saber que la conexión y la comodidad no son necesariamente instantáneas. Si no estás seguro, siempre podrás intentar una sesión de grupo con el practicante para ver si resuenas con el practicante, antes de comprometerse a un curso privado. Si esto no es factible, ponte en contacto con el practicante, y solicita una introducción para hablar con el. La mayoría de los profesionales estarán encantados de responder cualquier pregunta que puedas tener para ayudarte a sentir más cómodo.

Otra consideración es cómo un practicante proporciona el servicio. La mayoría de los profesionales ofrecen sesiones individuales, ya sea en persona o por teléfono. La forma más efectiva de recibir es tener una sesión privada, enfocada únicamente en proporcionarle un servicio de curación. Tener un sanador personal trabajando contigo asegura que maximices todos los recursos disponibles durante una sesión. Es ideal para aquellos con necesidades de privacidad y confidencialidad. La mayoría de los practicantes de curación son sumamente sensibles a la curación, por lo que es crucial que tengas la comodidad que necesitas para poder abrir tu verdad, y hablarla. La falta de privacidad, como en un entorno grupal, puede dificultar la curación verdadera al retener información vital sobre cómo te sientes, o piensas.

Ser capaz de tener una conexión visual ante los ojos del practicante, proporciona un nivel más profundo de respeto disponible que por teléfono. Esta modalidad también ayuda a aquellos que no tengan la capacidad física de visitar a un practicante, debido a una enfermedad o lesión, abriendo el mundo de la curación a aquellos que antes dependían únicamente de curanderos locales.

Prepararse para sanar

Sea cual sea el método o practicante que elijas, hay ciertas claves para ayudarte a prepararte para la curación. No puedes aceptarlo como un regalo físico sin sostener tus manos. Ve con una mente abierta y con la intención de recibir la sanación. La mente es poderosa, e ir a una sesión de curación con la mente cerrada es como ir a una tienda de comestibles, y negarse a comprar. Ábrete para recibir la curación recordando la meta de por qué estás esforzándote, y ten en cuenta que la primera sesión solo inicia el proceso de curación, y por lo general, no será una cura absoluta todavía. Si un tipo de curación no resuena contigo, prueba con otra, y resiste el impulso de desanimarte. Todos somos el resultado de los eventos y experiencias que hemos experimentado a lo largo de nuestra vida, por lo que encontrar la curación es también una experiencia altamente personalizada, que tenemos que hacer con la orientación y modalidad que te habla por nosotros mismos.

E. Convertirse en un auto-sanador

Estos son cinco sencillos pasos para la auto-sanación:

1. Siéntate cómodamente y observa tu respiración.

No hay necesidad de cambiar el patrón respiratorio_ ten cuidado con el flujo_, entrada y salida, entrada y salida_, sin juicio, sin cambio_ sin aviso.

Esto es estar "presente", y dejar de interferir durante los próximos minutos con algunos de los pensamientos interminables.

2. Junta las manos (palmas juntas) y frótalas durante 30-60 segundos rápidamente.

Deja que se calienten, y siente ese calor por la fricción. Mientras te frotas las manos y te tomas ese tiempo, sonríe ligeramente.

Sonreír en sí es sanador, y en pocos segundos puede cambiar nuestro estado de ánimo.

3. Sostén tus manos a unas de otras 6-8 pulgadas de distancia, una en frente de la otra, y siente la energía fluir a través de ellas.

Esta energía siempre está ahí_ debido a la intención

y el despertar de tu conciencia, lo estás sintiendo ahora.

Sientes la sintonía de esta energía. Sabes que es parte de ti. Sigue sonriendo, ¿qué no se siente bien?

4. Con los ojos cerrados, ve si a través de tu cuerpo, puedes mover la energía por los brazos.

No hay "manera falsa" para hacer eso. Con tu intención, despiertas tu cuerpo energético, y tienes la intención de sentir y sanar. Ve si la energía se puede canalizar a cualquier parte de tu cuerpo que pueda experimentar algo de estrés o desorientación.

Mantenlo ahí sabiendo que le envías amor y "energía curativa" positiva." Si sientes que estás perdiendo el contacto de la energía, frota tus manos de nuevo.

No hay juicio, y no hay manera equivocada de hacer esto.

Imagina la energía que sientes que es adecuada para ti de cualquier manera. Tal vez quieras sentirlo, o tal vez quieras imaginarla como una luz blanca_ es la manera más fácil para ti. Deja que este paso te asiente, y sonríe mientras lo haces.

5. Continúa trabajando con este flujo de energía. Llámalo a varias partes de tu cuerpo.

Observa cómo se siente cuando llega a varios espacios. Esta energía puede ayudar a aquellas áreas que generalmente causan dolor — sé agradecido de poder finalmente reconocer esta habilidad inherente dentro de ti. Observa el poder relajante de las partes del cuerpo en las que fluye.

Gracias por despertar a esta conciencia y sanación para tu cuerpo. Jugar incluso cinco minutos con este flujo de energía puede traer un estado de alegría y paz que quizá hayas creído imposible incluso hace unos minutos antes.

CHAKRAS CON OTRO MEDICAMENTO ALTERNATIVO

A. CURACIÓN DE CHAKRAS CON CRISTALES

1. Listado de cristales para chakras

Trabajar con piedras chakrales o cristales se basa en el principio de que cada piedra tiene el propósito de aumentar o equilibrar el centro de energía de donde te centras. Es necesario mirar varios atributos de piedras para elegir un cristal curativo, incluyendo su atributo energético, color, y la resonancia natural o personal de ella.

Aquí hay una breve lista de las piedras principales chakrales, y sus propiedades curativas enumeradas en orden alfabético:

Ágata (puerta de fuego)

- Alinea el cuerpo espiritual con el cuerpo

físico
- Ayudar a mantenerte centrado
- Intensifica la pasión y las emociones
- Estimula el chakra raíz
- Ayuda a las afecciones intestinales y de los órganos sexuales

Amatista

- Ayuda a entender la causa raíz de un desequilibrio, o enfermedad
- Ayuda a revelar los efectos nocivos del ego
- Ayuda a los marginados.
- Ayuda a sanar patrones de comportamiento adictivos
- Ayuda con la claridad de la mente

Citrino

- Mejora la creatividad
- Mejora la claridad del pensamiento
- Mejora la fuerza de voluntad y la manifestación
- Permite que uno se abra a la energía de lo divino
- Mejora la resistencia física y la energía

- Sistema endocrino y metabolismo adecuado

Cornalina

- Construir confianza, coraje, pasión y poder
- Ayuda a superar el miedo al movimiento
- Ayuda a purificar y desahogar el cuerpo de vicios como el alcohol o las drogas

Calcita (Calcita Naranja)

- Trae energía solar al campo del cuerpo, y de la energía
- Ayuda con la timidez o la fobia social
- Puede ayudar a superar la depresión
- Buen equilibrio endocrino y hormonal

Diamante

- Acceso a energías divinas
- Facilita la conexión con el reino superior
- Fomenta la verdad y la visión
- Despeja los campos de energía

Fluorita

- Aclara la confusión y los pensamientos desordenados
- Ayuda a pensar con claridad
- Aporta estructura y enfoque a energías incoherentes
- Puede remediar la confusión, la inestabilidad y la deshonestidad
- Equilibra la química cerebral
- Ayuda con mareos y vértigo
- Fortalece huesos y dientes

Jade

- Armoniza y equilibra el chakra del corazón
- Ayuda en el bienestar emocional y físico
- Atrae abundancia y prosperidad
- Fortalece los sistemas energéticos

Lapislázuli

- Ayuda a descubrir la naturaleza divina interior
- Activa centros psíquicos del tercer ojo
- Despeja los sistemas energéticos del cuerpo
- Ayuda a conectar con los dioses
- Invoca la inspiración divina

Piedra lunar

- Utilizado en la meditación y regresión de la vida pasada
- Mejora la intuición
- Inicia la energía kundalini
- Fomenta la clarividencia
- Evoca paciencia y acción apropiada
- Ayuda a ordenar las emociones
- Puede sintonizar a uno a las energías lunares
- Ayuda a estabilizar los ciclos femeninos

Obsidiana (Obsidiana Negra)

- Elimina las energías negativas
- Limpia el campo áurico
- Bueno centrarse
- Limpia patrones emocionales negativos
- Elimina los bloqueos en el sistema meridiano

Cuarzo (cuarzo transparente)

- Amplifica la energía
- Tiene memoria y es programable
- Aporta una mayor conciencia espiritual

- Abre chakras
- Expande la conciencia
- Se utiliza para comunicarse con guías
- Fomenta la claridad
- Amplifica las habilidades psíquicas
- Estimula el sistema nervioso
- Ayuda a crecer pelo y uñas

Cuarzo (cuarzo rosa)

- Sanación del corazón
- Aumenta la confianza
- Ayuda a liberar tensión y estrés
- Disminuye el miedo y la sospecha
- Calmar la mente
- Ayuda a liberar preocupaciones, miedo, ansiedad y trauma emocional

Selenita

- Abre el chakra del tercer ojo, y de la corona
- Ayuda a limpiar el campo áurico
- Ayuda a eliminar las energías atascadas
- Aumenta la conciencia hacia los planos superiores
- Motivación para progresar en la vida

Ojo del Tigre

- Estimula el plexo solar y los chakras de la raíz
- Ayuda a agudizar la mente
- Energiza el cuerpo
- Fomenta el equilibrio entre diferentes polaridades
- Soporta la vitalidad en general
- Ayuda a fortalecer el sistema endocrino

Turmalina (Turmalina Negra)

- Proporciona protección psíquica
- Ayuda a despejar el campo áurico
- Regula los sistemas energéticos del cuerpo
- Ayudar a desvincularse de los comportamientos obsesivos y compulsivos
- Ayuda a purificar el cuerpo de toxinas
- Apoya a la limpieza de metales pesados

Turquesa

- Protección contra el mal
- Aumenta la riqueza
- Estimula el chakra de la garganta

- Ayuda a equilibrar el estado de ánimo y las emociones
- Aumenta la inteligencia emocional
- Fomenta el auto-perdón, la auto-aceptación y la liberación de remordimiento.
- Ayuda a oxigenar la sangre

Selección del cristal adecuado para cada Chakra

a. Chakra raíz

- **Jaspe rojo.** El color asociado del chakra de la raíz es rojo, por lo que no es de extrañar que como somos, muchas de las piedras del chakra de la raíz son rojas. Este está relacionado con el equilibrio, así que si estás luchando contra cambios de humor erráticos, es una piedra ideal para tener.
- **Cornalina roja.** Una piedra roja pálida con tonos anaranjados, la cornalina roja se combina con fuerza, purificación y valentía. Es una buena opción si sientes miedo, y no puedes salir de tu zona de confort.
- **Obsidiana.** Contrario a la creencia de que la piedra preciosa negra simboliza el peligro, la obsidiana protege al individuo contra el daño. Puedes obtener algo de consuelo al

usarlo, a medida que te mudas a un lugar más seguro en tu vida.
- **Piedra de sangre**. La piedra en sí es verde. El nombre hace referencia a sus manchas rojas. Esta piedra semipreciosa puede alejar la energía negativa, y aumentar la confianza. Una piedra perfecta para luchar contra bloques significativos del chakra de la raíz.

b. Chakra sacro

- Calcita naranja: el color del chakra puro es naranja, por lo que muchas de las piedras curativas del chakra sagrado son naranjas. Se dice que la calcita naranja aumenta la creatividad, te ayuda a superar la barrera emocional y a unir tu mente y tu cuerpo.
- Piedra lunar: Moonstone viene en muchos colores, pero debido a su conexión para estimular la mente, es posible que desee optar por la piedra lunar de melocotón. También está destinado a reducir las preocupaciones y llevar algo de energía amorosa.
- Carnelian. Esta piedra preciosa semipreciosa tiene un color marrón rojizo, aunque viene

en diferentes tonos. La piedra del cantante es perfecta para el trabajo de chakra sacro lo que significa que tiene una conexión intrínseca con su arte y creatividad.
- Citrino: Las piedras citrinas o "piedras mentales" son de color amarillo dorado. Está destinado a aumentar la autoestima, que es ideal en los síntomas de chakra sacro bloqueado de menos confianza o problemas de celos.

c. Chakra del Plexo Solar

- **Ambar:** El chakra del plexo solar se marca de amarillo en los mapas chakrales, por lo que el amarillo se utiliza a menudo para simbolizarlo. Las piedras de ámbar son de color naranja-amarillo, y están vinculadas a la confianza y la claridad mental. Si eres de los que duda en la toma de decisiones, utiliza esta piedra.
- **Turmalina amarilla**: Dado su color amarillo sorprendentemente vibrante, a menudo lo verás en la lista de cristales del plexo solar anunciados como una piedra "desintoxicante". El enfoque se centra en

deshacerse de la negatividad (tanto en tus vistas propias como del pasado).

- **Citrino**: otro cristal de plexo solar amarillo, a veces a esta piedra pálida se le llama "piedra de éxito". Cualquier travesía relacionada con el empoderamiento personal va bien al conseguir una pieza de citrino, y también se puede utilizar citrino para la autoestima.

d. Chakra del corazón

- **Jade**: Esta piedra chakra semipreciosa del corazón representa el equilibrio y la sanidad de emociones. Si estás en duelo, o una lesión psicológica, puedes beneficiarte al enfocarte en esta piedra.
- **Calcita Verde**: Usada tradicionalmente para absorber la negatividad, esta es una gran opción cuando te resulta difícil sentir empatía. Esta piedra puede ayudarte a concentrarte en recuperarte de la falta de compasión.
- **Aventurina verde**: Esta piedra ama la energía, la vitalidad y la inspiración. Se dice

que alivia la carga emocional, y ayuda a rebotar los bloqueos emocionales.
- **Cuarzo rosa**: los cristales del chakra del corazón no siempre son verdes. A veces a esta piedra rosa se le llama la "piedra del corazón", y se dice que te ayuda a recuperar el equilibrio.

e. Chakra de la garganta

- **Lapislázuli**: A veces esta piedra semipreciosa se le conoce como "la piedra de la verdad". En consecuencia, cuando intentas comunicarte más honestamente, es una piedra ideal para usar.
- **Aguamarina**: La aguamarina siempre ha representado el valor y la aceptación como uno de los cristales del chakra de la garganta más conocidos. Puedes recurrir a esta piedra si estás en una relación cercana y tienes problemas de comunicación.
- **Amazonita**: una hermosa piedra turquesa, que se dice te protege de la negatividad. Así que, si descubres que tu miedo al juicio te impide ser honesto, intenta usarla.

- **Turquesa**: Otra piedra semipreciosa que aumenta la confianza en la comunicación.

f. Chakra del tercer ojo

- **Fluorita púrpura**: Esta gema semipreciosa debe fomentar una fuerte intuición, y aclarar los pensamientos confusos. Si estás tratando de tomar una decisión difícil, y quieres deshacerte de las distracciones irrelevantes, este cristal para el chakra del tercer ojo es ideal.
- **Amatista**: La amatista es una famosa y hermosa piedra preciosa conocida por aliviar el dolor de cabeza del tercer ojo. También es utilizada por algunos para representar la sabiduría.
- **Obsidiana negra**: Otro miembro favorito del grupo de cristales de tercer ojo, la obsidiana negra fomenta el equilibrio de la emoción y la razón.

g. Chakra de la corona

- **Cuarzo transparente**: Puedes usar el cuarzo transparente como mineral cristalino para

aumentar tu sintonía espiritual. Es una opción particularmente buena para obtener más claridad sobre lo que quieres de la vida.
- **Sugilita**: Este cristal de lavanda, a veces conocido como piedra de amor, se utiliza mejor para conectar en lo espiritual, y para protegerte de la negatividad.
- **Selenita**: Otro mineral casi transparente, la selenita es una hermosa piedra que se dice que ayuda a abrir no sólo el chakra de la corona, sino también el chakra del tercer ojo. Al empujarte más allá del estancamiento, e impulsarte hacia adelante, te puede ser útil.

3. Cómo usar cristales

Todas las piedras y cristales curativos tienen su energía vibrante, y significados. La clave es aprender a emparejar la piedra adecuada con el chakra afectado, usando piedras de chakra curativas. Las piedras y gemas curativas limpias y cargadas son más efectivas cuando están cerca del chakra en asunto. Por lo general se usan como joyas, o se colocan en donde haya necesidad de sanación por encima del chakra. Hay muchas maneras de incorporar piedras curativas a tu estilo de vida y entorno. Puedes, por ejemplo, colocarlas alrededor de tu hogar, y lugar de trabajo, llevarlas contigo, e incluso portarlas como joyería.

B. Aromaterapia para mejorar la meditación Chakra

1. Directorio de aceites esenciales en Chakra Healing

Pimienta Negra (Piper nigrum)

+ **Elemento**: Fuego

+ **Estimula**: el Tercer Chakra

+ **Vibraciones clave**: Vivir tu código de comportamiento y precisión

El nombre Sánscrito de este aceite esencial- Marich significa "sol". Como su nombre lo indica, este aceite contiene grandes cantidades de energía solar, e ilumina el cuerpo mental (Ayurveda enseña que el tercer chakra produce el cuerpo espiritual). El aceite esencial de pimienta negra en el tercer chakra te permite liberar y transformar patrones rígidos de la mente, traer el conocimiento que no tienes que repetir el pasado, e iluminar la manera de ver nuevas soluciones a los problemas antiguos. Este aceite también aporta en su mejor expresión el don de refinar una idea, y vivir en integridad.

Dónde conseguirlo: Pimienta Negra Orgánica

Naranja Sangriento (*Citrus sinensis*)

+ **Elemento**: Agua

+ **Estimula**: Segundo y tercer chakra

+ **Vibraciones clave**: Calidez emocional, y creatividad

Este aceite cálido y esencial para chakras trae a relucir los dones de ser feliz, regenerado emocionalmente, fuerte y auto-confiado, y simpático. Si te molesta la depresión, la apatía o la naturaleza obsesiva, o el abuso emocional, este aceite esencial te ayudará.

Dónde obtenerlo: Naranja sanguíneo orgánico

Manzanilla Azul (*Matricaria chamomilla*)

+ **Elemento**: éter, con la semilla del agua

+ **Estimula**: Segundo y quinto chakra

+ **Vibraciones clave**: Sabiduría, comunicación, expansión

Descubre poderosas ideas y técnicas en tu vida y relaciones para crear una salud radiante, felicidad, prosperidad, paz y flujo. Este aceite de chakra perspicaz te ayuda a cultivar una amplia base de conocimiento sobre cualquier tema en particular; te ayuda a entender ideas de épocas pasadas. Te ayuda a abrirte a ti mismo y a guías espirituales para guiarte, estabiliza esta conexión y te permite comunicar tus hallazgos. Es un aceite excelente para escritores y artesanos

Dónde conseguirlo: *Manzanilla Azul*

Cardamomo (*Elettaria cardamomum*)

+ **Elemento**: Fuego, con la semilla del agua

+ **Estimula**: Segundo y tercer chakra

+ **Vibraciones clave**: Sentirte alentado, entusiasta y confiado

Este aceite esencial de chakra motivacional estimula la creatividad, abriendo partes psiquiátricas inexploradas que aportan nueva perspectiva y comprensión. Es un aceite increíble para disolver los patrones de ser inflexible, juicioso y contrario; este cambio, a su vez, abre la capacidad de trabajar en grupo con alegría. **Dónde conseguirlo**: *Cardamomo Orgánico*

Elemí (Canarium luzonicum)

+ **Elemento:** Fuego, con la semilla de éter

+ **Estimula**: El Tercero y el Quinto chakra

+ **Vibraciones clave:** Iluminación, elevación y cambio de perspectiva

El nombre de esta fascinante resina se deriva de un término árabe que significa "arriba y abajo", y no es sorprendente que el aceite esencial elemi sea eficaz para conectar mente y espíritu, y apoyar en la comprensión de la correlación entre el microcosmos, y el Macrocosmos. Te permite abrir tu propia guía superior a diferentes perspectivas de la vida, animarte a tomar acciones que permitan un crecimiento positivo. También es útil para explorar tu auto-experiencia.

Dónde conseguirlo: *Elemí de grado terapéutico*

Incienso (Boswellia carteri)

+ **Elemento**: éter

+ **Estimula**: el Quinto Chakra

+ **Vibraciones clave**: inspiración, misticismo, expresión

Este notable aceite esencial abre la capacidad en entornos para leer la energía, para que puedas entender la mejor manera de reaccionar desde un espacio evolucionado en este momento. Este aceite de chakra también ofrece los dones de la sofisticación en tu discurso, ayudándote a encontrar las palabras correctas, y utilizar palabras para afectar tu entorno. También te permite disfrutar de una auténtica autoexpresión en tu musa interior.

Dónde conseguirlo: Incienso

Jazmín (*Jasminum grandiflorum*)

+ **Elemento**: Todos los elementos

+ **Estimula**: todos los chakras salvo el segundo y sexto

+ **Vibraciones clave**: Sensibilidad, sentidos no ordinarios, refinamiento

Este aceite fomenta la capacidad psíquica del el pensamiento védico, que hace que la mente esté abierta y alerta. Este aceite chakral de aromaterapia se ha utilizado tradicionalmente para hacer la mente receptiva ante la frecuencia de los mantras, por lo que puede ser beneficioso para la práctica de cantar u orar. También tiene una calidad sofisticada.

Dónde conseguirlo: Jazmín Orgánico.

Lavanda *(Lavandula officinalis)*

+ **Elemento**: Éter

+ **Estimula**: el Quinto Chakra

+ **Vibraciones clave**: Curación, calmante, amortiguación

La lavanda armoniza más que cualquier otro aceite esencial el aspecto de la condición humana. Este aceite excepcional te anima a comprometerte profundamente con el mundo, y a compartir tus dones y fortalezas únicas. Este aceite esencial cura sensaciones de ser excesivamente delicado, retirado o asustado, y trae crecimiento mental, ayudándote a consolidar tus experiencias, aportando una mayor conciencia y perspectiva.

Dónde conseguirlo: *Pétalos de lavanda*

Limón (Citrus limon)

+ **Elemento**: prabhava* en relación con el sexto chakra, y el fuego en relación con el tercer chakra

+ **Estimula**: Sexto y tercer chakra

+ **Vibraciones clave en relación con el tercer chakra:** adaptabilidad, claridad de la mente, y purificación profunda.

Este aceite electrizante esencial es muy estimulante; ayuda a organizar la mente, aportando concentración, energía ilimitada, y frescura del pensamiento. Este aroma chakra ofrece alivio si luchas con la fatiga mental que conduce a los bloqueos mentales, y la agitación interna. También puede ser útil para sobrellevar sentimientos de amargura, e hipersensibilidad, y para restaurar el humor.

Vibraciones clave para el sexto chakra: Ilustración y conciencia

Este aceite chakral puede ungir ligeramente la glándula pineal, ayudando a despertar los dones latentes del tercer ojo. Ofrece el don de conectar la intuición y el intelecto, creando flexibilidad mental y un proceso de pensamiento ampliado, al mismo tiempo que ayuda a la mente a organizar el flujo de nueva información, para que no te abrume toda la información adicional que fluye.

Dónde conseguirlo: *Limón Orgánico*

Lima (*Citrus aurantifolia*)

+ **Elemento:** Prabhava

+ **Estimula:** el Séptimo chakra

+ **Vibraciones clave**: liberación, desprendimiento, libertad

Para el corte de cables energéticos y el desprendimiento de lo colectivo, este aceite esencial es beneficioso. Cuando se utiliza en aromaterapia, mejora el discernimiento de la verdad dentro de cualquier situación, permitiéndote liberar cualquier ilusión que te mantenga en una realidad proyectada.

Dónde conseguirlo: Lima Orgánica

Neroli (*Citrus aurantium*)

+ **Elemento**: Aire, con la semilla del agua

+ **Estimula**: Cuarto y segundo chakra

+ **Vibraciones clave**: Espiritualidad, integridad en sí mismo, serenidad

¡Es una delicia este refinado aceite esencial! Trayendo la energía del amor puro y la ligereza del ser, ésta derrite las penas y trae calma pacífica y estable. Este aceite chakral es vital para curar el trauma del abuso infantil, o siempre que estés en una crisis emocional o sufriendo de tristeza; fomenta un sentido de esperanza, y te libera del miedo. Además, el Neroli te abre al amor dentro de ti mismo y a la libertad de dejar que el amor fluya libremente.

Dónde conseguirlo: Neroli orgánico

Pachulí (*Pogostemon cablin*)

+ **Elemento:** Tierra, con la semilla del agua

+ **Estimula**: Primer y segundo chakra

+ **Vibraciones clave:** Restauración de la energía personal tranquila y lúcida

Este aceite esencial de aromaterapia autónomo te da el don de estar solo en contentamiento, y en un estado relajado que dará lugar a una vasta cantidad de energía para que puedas hacer cosas. Ayudarte a alcanzar tus metas puede ser de mucha ayuda, desde aclarar lo que quieres para tener el valor de hacer lo necesario para lograrlo. Este aceite esencial del chakra también te ayuda a superar la fatiga y sentirte desanimado.

Dónde obtenerlo: *Pachulí orgánico*

Pino (Pinus sylvestris)

+ **Elemento**: Aire, con la semilla de fuego

+ **Estimula**: Chakras cuarto y tercero

+ **Vibraciones clave:** amor propio, auto-perdón, confianza

El pino es un aceite esencial de restauración del corazón cuando has endurecido tus emociones. Este aceite cálido chakral del corazón te libera de viejas heridas, lo que te permite seguir adelante sin cargas pasadas, dándote la capacidad de experimentar tus sentimientos en tiempo real, en lugar de sentir ecos pasados. Este cambio permite nutrir y reponer tu cuerpo emocional, trayendo paz interior y una fuerte sensación de bienestar.

Semilla de pimienta rosa (*Schinus molle*)

+ **Elemento**: Fuego, con la semilla de agua

+ **Estimula**: Chakras segundo y tercero

+ **Vibraciones clave**: confianza interior, calidez interior, expresión.

Este aceite esencial, aromático chakral, abre tu naturaleza erótica y raptuosa, y el amor de estar en tu cuerpo. Este aceite crea sexualidad extática y apoya la eliminación de la vergüenza, problemas con la imagen corporal, frigidez, y sentimientos de vulnerabilidad.

Dónde conseguirlo: *Pimienta Rosa*

Nardo Rojo (*Nardostachys jatamansi*)

+ **Elemento**: Prabhava

+ **Estimula**: Equilibrio de todos los chakras

+ **Vibraciones clave**: estabilidad espiritual, sabiduría, acceso a información antigua

El nardo rojo aborda los traumas subconscientes. Es centrante, pero no aburrido; te permite obtener el control de tu vida, y ayudarte a estabilizarte cuando te sientes inseguro. Utiliza este aceite chakral para dirigir la energía de tus chakras superiores a tu primer chakra, para hacer un uso práctico de estas energías.

Dónde conseguirlo: Nardo (Spikenard)

Flor de Arroz Chino (*Aglaia odorata*)

+ **Elemento:** Prabhava

+ **Estimula:** el Séptimo chakra

+ **Vibraciones clave**: Estudio, misterios, umbrales

Este profundo aceite esencial chakral es beneficioso para contemplar los grandes misterios de la vida, y actúa como un portal entre lo divino y lo temporal. Al leer libros sobre filosofía o espiritualidad, es de apoyo, ya que te ayuda a entender cómo transformar las ideas en acciones. Uno de los regalos más interesantes que este aceite da es la capacidad de aferrarse a una idea que se siente demasiado grande, demasiado vasta, sin cerrar o salir del proceso, hasta que tu mente finalmente pueda experimentar su asombro.

Dónde conseguirlo: *Flor de Arroz Chino*

Rosa (*Rosa damascena*)

+ **Elemento**: Prabhava

+ **Estimula**: El Cuarto y el Séptimo chakra

+ **Vibraciones clave:** Gracia, amor e iluminación

El aceite esencial de rosa despierta el deseo de trabajar a través del camino del corazón hacia la iluminación. El amor es la clave para abrir el camino en cada etapa del desarrollo, este es un camino lleno de gracia que enseña la fuerza en la dulzura, que conduce a acciones armoniosas.

Dónde conseguirlo: *Rosa Orgánica Damascena*

Palisandro (*Aniba rosaeodora*)

+ **Elemento**: Aire

+ **Estimula:** el Cuarto chakra

+ **Vibraciones clave**: Protección, amortiguación y confort

Este maravilloso aceite esencial fomenta las emociones que fluyen libremente, la capacidad de armonizar lo que sientes con tus pensamientos, y la capacidad de expresar una amplia gama de emociones, particularmente aquellas relacionadas con la liberación de dolor y tristeza. Este aceite proporciona una protección fuerte y energética, y puede ayudarle a mantener un aura limpia y cerrada. Utiliza este aroma chakral para liberar sentimientos restringidos en el pecho, interiorizar el dolor, la melancolía y las emociones reprimidas

Dónde conseguirlo: Palisandro orgánico

Sándalo (*álbum de Santalum*)

+ **Elemento:** Prabhava

+ **Estimula:** el sexto chakra

+ **Vibraciones clave**: Iluminación, conexión y meditación

Este aceite chakral sagaz trae una conciencia interior, y una sensación de facilidad para interactuar con una mayor conciencia, lo que ayuda a eliminar los bloqueos en tu camino espiritual, ya sea interno o externo, y permite un procesamiento suave en tus niveles más profundos. Sándalo en última instancia ayuda a descomponer las ilusiones, y te ayuda a alinearte con tu "yo" más auténtico. Para la meditación, la práctica espiritual y los sanadores, este es un aceite excelente.

Dónde conseguirlo: Sándalo orgánico

Vainilla *(Planifolia de vainilla)*

+ **Elemento**: Agua

+ **Estimula**: el Segundo Chakra

+ **Vibraciones clave**: sexualidad positiva, compromiso, cumplimiento

Este aceite esencial de olor dulce es muy viscoso, y revela muchos de ellos.

Características dinámicas en su forma física. El uso de este aceite esencial para equilibrar tu chakra, te ayuda a crear lazos emocionales y el deseo de seguir tu corazón. Surge como una forma de comunicación a la pasión personal, la sexualidad, la naturaleza salvaje y el tacto. Ayuda a sanar conflictos de emoción, exceso de sensibilidad, amargura, hostilidad, insinceridad y resentimiento. Crea abnegación y comprensión genuina de lo que se requiere para estar en una asociación equilibrada. ***Dónde conseguirlo:*** *Vainilla Orgánica*

Vetiver (*Vetiveria zizanioides*)

+ **Elemento**: Tierra, con el toque de fuego

+ **Estimula:** Tercer y primer chakra

+ **Vibraciones clave**: Integridad, seguridad, solemnidad

Este rico aceite esencial proporciona los dones de ser disciplinado y centrado en sí mismo. Cultiva los rasgos de la fuerza, siendo honorable, y una fuerte conexión mente-cuerpo. Si estas luchando con la pérdida de propósito y la búsqueda del camino correcto, este es un excelente aceite esencial chakra para ayudarte a encontrar la dirección correcta hacia adelante.

Dónde conseguirlo: *Organic Vetiver*

Loto Blanco (*Nelumbo nucifera*)

+ **Elemento**: Todos los elementos

+ **Estimula**: Todos los chakras

+ **Vibraciones clave**: Crecimiento, alma, espíritu

Este aceite iluminador primero te motiva a nivel

inconsciente, trayendo el deseo de autorrealización, y luego apoya este camino a medida que tu creciente conciencia aprende las lecciones de cada centro chakral. El objetivo final de este aceite chakral de equilibrio, por supuesto, es llevarte a un estado de iluminación. Es un gran aceite para alcanzar si no se puede nombrar

Dónde conseguirlo: *Loto Blanco Orgánico*

1. Uso de aceites esenciales en el balance de chakras

La influencia de los aceites esenciales de plantas aromáticas en la práctica de la aromaterapia en el cuerpo, la mente y el espíritu, se puede adaptar para fomentar el funcionamiento equilibrado de los chakras. La idea es aplicar la activación de aceites esenciales para energizar la función inactiva del chakra, o pasar de aceites relajantes, a aceites demasiado activos. Los aceites de equilibrio son buenos candidatos para un chakra bien regulado. Una combinación de aceites activadores y calmantes tenderá a beneficiar a los chakras en términos de equilibrio general y comodidad. A continuación se presentan sugerencias para iniciar:

Un masaje de pies es una excelente manera de equilibrar el chakra de la raíz que regula la sensación de estar centrado y estable. La nuez moscada activa un chakra de raíz inactivo, mientras que el pachulí y el vetiver calman un chakra hiperactivo. Elige un aceite de equilibrio esencial como la bergamota para ayudar a mantener un chakra de raíz funcionando sin problema.

Un masaje lumbar beneficia el chakra sacro, que influye en tu sensualidad. Aceites esencial de cardamomo despierta un chakra sacro inactivo, mientras que el ylang-ylang y el neroli calman el chakra hiperactivo. Busca una naranja dulce y sándalo para mantener un chakra sacro que funcione bien.

Un suave masaje de la barriga afecta el funcionamiento del chakra del plexo solar que afecta tu instinto. Para calmar el plexo solar, aplica eucalipto y baya de enebro, y vetiver o Helichrysum. Los buenos aceites de equilibrio son pomelo y limón para las personas con chakra del plexo solar ya bien expresado.

El centro emocional chakra del corazón se beneficia de un aceite de unción perfumado aplicado al esternón, o masaje en el fondo medio. El aceite esencial de Palmarosa abrirá el chakra del corazón, mientras que la lavanda y el dulce marjoram lo silenciarán.

Prueba usos regulares de aceite esencial de geranio para mantener un chakra del corazón que funcione bien.

El spray corporal en las áreas del pecho y el cuello es una manera eficaz de influir en el funcionamiento del chakra de la garganta que afecta tu expresividad y comunicación. Acude al aceite de limón esencial para abrir un chakra inactivo de la garganta, y calmarlo con vainilla o manzanilla romana. La semilla de cilantro es un aceite de equilibrio que mantiene el chakra de la garganta expresado uniformemente.

Aceite de unción aplicado a la frente, o la simple inhalación puede influir en el Chakra del tercer ojo. Aceite esencial de romero abrirá un chakra del tercer ojo dormido, mientras que este chakra visionario será estabilizado y centrado por la manzanilla alemana. El incienso o el sándalo son buenas opciones para mantener el chakra del tercer ojo claro y equilibrado.

Una difusión aplicada a tu espacio aéreo circundante es la mejor manera de equilibrar el chakra de la corona trascendente que ocupa el espacio por encima de la corona de tu cabeza. El chakra de la corona de bajo funcionamiento es aclarado por lavanda dulce fragante, mientras que el neroli o vainilla son tranquilizadores. Busca incienso para mantener el chakra de la corona en buen funcionamiento.

C. Chakra Yoga

La luz es vibratoria. Luz visible se puede difuminar en un espectro de colores. A medida que cambia su frecuencia, la luz parece estar en colores separados, pero las frecuencias se mezclan para formar una luz blanca. Del mismo modo, nuestros chakras, cada uno con una frecuencia y color diferente, expresan todo el espectro de frecuencia, que incluye la energía del cuerpo físico. Chakra (pronunciado "chak-rah") significa literalmente "rueda" o "círculo", llamado así por una vibración en forma de rueda de energía pránica por los antiguos yoguis.

Chakra es una energía pura y continua. Es nuestro *prana* en movimiento, una longitud de onda de vibración en nuestro campo electromagnético que contiene nuestros valores, sentimientos, pensamientos e impresiones de la infancia. Al igual que nuestra conciencia, los atributos físicos y emocionales correspondientes a esa frecuencia también se estimulan mientras cada uno de los siete chakras son energizados por yoga chakral, y otros medios. El cuerpo contiene nuestras emociones. El chakra que corresponde a la parte del cuerpo que lleva la emoción también será bloqueado cuando tenemos una sensación bloqueada. Los bloqueos se disuelven y las emociones se abren cuando la energía comienza a fluir a través de la práctica del yoga chakral, y otros medios. Liberar estos bloqueos requiere una profunda confianza, pero es posible a través del movimiento del prana usando yoga de kundalini, y otras prácticas espirituales.

Describimos el carácter de cada chakra en la siguiente sección, y proporcionamos ejercicios yóguicos que te permitirán conectar con tu esencia.

Primer Chakra: Existencia

El primer chakra vibra con el aspecto más fundamental de nuestra encarnación humana: la energía de la existencia. Es el centro de poder vinculado al mundo material, y la supervivencia primaria. Esta área corresponde a nuestro cuerpo físico, nuestra salud y nuestros hábitos.

Su equivalente anatómico es el perineo y la base de la columna vertebral. Las piernas y los pies también son extensiones del primer chakra.

El color del primer chakra es rojo. Con la declaración de "Yo soy", tomamos la forma y la misión. La forma en que consideramos nuestra propia existencia afecta la frecuencia del primer chakra.

Nos sentimos dignos y felices de estar vivos cuando el primer chakra está equilibrado y fluyendo con prana. Es el suelo fértil de donde viene todo lo demás. Podemos llegar a ser vulnerables y tímidos cuando nuestro primer chakra está bloqueado. Un primer chakra inestable también nos lleva a comparar nuestra existencia con los demás.

D. Chakra y sonidos

Los chakras parecen resonar con varios sonidos. El uso de vocales y mantras se encuentran entre los más populares. Este uso de vocales en el equilibrio de los chakras parece ser altamente eficaz. En muchas tradiciones diferentes y escuelas místicas en todo el planeta, incluyendo antiguos egipcios, hebreos, islámicos, tibetanos, japoneses y nativos americanos, las Vocales Sagradas se consideran sagradas. Hay varios sistemas de Vocales Sagradas para equilibrar los chakras. Usa el santo sistema de sonido vocal que me llegó hace muchos años, y que compartí con miles de personas de manera efectiva.

Un enfoque alternativo de reverberación de los chakras es utilizar Mantras Bija, las letras Sánscritas védicas tradicionales, que se dice que equilibran y alinean los chakras por su cuenta. Las Bijas puede ser mudas o habladas. Los Bijas hablados, en particular, se cantan en voz alta para resonar con los chakras. Hay variaciones, como con todos los sistemas de sonido. También aplica en las Mantras Bija. En aras de la uniformidad, este libro utilizó el sistema Mantra que el Dr. Deepak Chopra trajo a la conciencia pública.

Hay muchos otros aspectos de resonar con los chakras a través del sonido. También están los sonidos del Shabd Yoga, la ciencia del Fluir del Sonido Audible. Se cree que estos sonidos son las emanaciones divinas del Creador. Los elementos también están relacionados con cada chakra en la tradición védica.

Otra característica de la resonancia del chakra sónico está relacionada con la frecuencia real de cada chakra, o nota clave. En este sentido, hay una sinfín de temas y escalas diferentes. Yo, a menudo sueno las vocales en monótono (en la misma tecla), y dejo que la resonancia del chakra sea creada por el armónico (y el formato específico de la vocal).

Cuando se utilizan diferentes frecuencias (o notas) para cada chakra, prefiero una escala diatónica importante, comenzando con la nota C. Este es uno de los sistemas de resonancia chakra más populares utilizados. Es sólo un sistema, y hay aun hay otros disponibles.

Las frecuencias principales de las notas particulares utilizadas para este sistema están relacionadas armoniosamente, es decir, los registros son el resultado natural de las vibraciones geométricas de una cadena dada (traídas en una sola octava). La afinación es diferente de la sintonización de un teclado (que utiliza un C vibratorio de 261 Hz). Las notas creadas a partir de esta escala musical se basan en los armónicos generados a partir de las notas originales de la nota C, que vibran a 256 ciclos por segundo (y luego transponen los armónicos para que quepan dentro de la octava de esa nota C). 256 Hz. Es un armónico de un ciclo por segundo. Muchos creen que esta nota es natural en muchas de las frecuencias de la Tierra. Algunos piensan que es un armónico de la velocidad real de la Tierra.

a. 1a CHAKRA

Raíz – Muladhara

Nota: C

Frecuencia: 256 Hz.

Vocal: Uh

Bija: Lam

Elemento: Tierra

Sonido Shabd: Trueno/Terremoto

Energía: Centramiento

b. 2o CHAKRA

Sacro – Svadisthana

Nota: D

Frecuencia: 288 Hz

Vocal: Ooo

Bija: Vam

Elemento: Agua

Sonido Shabd: Océano

Energía: Energía vital,

c. 3er CHAKRA

Ombligo – Manipura

Nota: E

Vocal: Oh

Frecuencia: 320 Hz.

Bija: Ram

Elemento: Fuego

Sonido Shabd: Fuego rugiente

Elemento: Fuego

Energía: Poder

d. 4o CHAKRA

Corazón – Anahata

Nota: F

Frecuencia: 341. 3 Hz.

Vocal: Ah

Bija: Yam

Elemento: Aire

Sonido Shabd: Viento

Energía: Compasión, Amor

e. 5o CHAKRA

Garganta – Vishuddhi

Nota: G

Frecuencia: 384 Hz.

Vocal: Ojo

Bija: Ham

Elemento: Éter

Sonido Shabd: Grillos

Energía: Comunicación, Creación

f. 6o CHAKRA

3er Ojo – Ajna

Nota: A

Frecuencia: 426,7 Hz.

Vocal: Aye

Bija: Sham

Elemento: Todos

Sonido Shabd: Campanas/Espacio

Energía: Perspicacia, Sabiduría

g. 7o CHAKRA

Corona – Sahasrara

Nota: B

Frecuencia: 480 Hz.

Vocal: Eee

Bija: Om

Elemento: Todos

Sonido Shabd: Om

Energía: Trascendencia

MALENTENDIDOS/MITOS RESPECTO A CHAKRAS

Mito #1 de la sanación de Chakras: Los chakras no existen.

Muchas teorías dicen que los chakras eran sólo entidades imaginarias. Y muchas personas se niegan a reconocer la existencia de los Chakras. En varias partes del mundo, sin embargo, tienen su significado y prueba de su existencia. En el cuerpo humano, los siete chakras representan la energía o los centros nerviosos. La palabra chakra se traduce literalmente como una rueda, o un círculo. Prana, o energía, se dice que fluye a través de nadis en el cuerpo humano. Los Nadis son tres canales principales como los cables eléctricos, que toman la energía del polo eléctrico de los chakras, y abasten el resto del cuerpo con la energía. Sushumna, Pingala e Ida son los tres canales principales, o nadis.

Mito #2 de la sanación de chakras: Siete Chakras

Hay muchas teorías que dicen que el cuerpo tiene siete chakras. Pero hay muchos sistemas chakrales en el cuerpo, según el texto yóguico. Algunas personas creen que hay doce chakras, y otros creen que el cuerpo humano tiene muchos sistemas chakrales. Inicialmente, los siete chakras en el cuerpo humano son contados y enseñados a los principiantes.

Mito #2 de la sanación de chakras : Es fácil abrir tus chakras.

Hay un montón de literatura disponible sobre cómo se pueden abrir tus chakras bloqueados, y sanarte a ti mismo, y deshacerse de todos los problemas de tu vida, ya sea trastornos físicos o emocionales, y muchos otros problemas. Sin embargo, estas referencias no mencionaron que es fácil despertar un chakra. Abrir un chakra requiere un cambio significativo de conciencia, y este proceso requiere años de meditación. Con hacer ciertas posturas físicas de yoga, no se puede simplemente abrir tus chakras, ni es un proceso de apertura emocional.

Mito #4 de la sanación de chakras : El verdadero significado y propósito de los chakras es tratar la enfermedad.

Según la antigua literatura Védica, los chakras, que significa "Ruedas", son los siete centros vitales del cuerpo que, una vez despertados o activados, pueden desplegar los reinos imprevistos en los seres humanos con el objetivo final de ser uno en la conciencia espiritual. En tiempos actuales, sin embargo, la apertura y equilibrio de los chakras sólo se toman para tratar las enfermedades físicas, o para sanar el dolor emocional, no la conciencia del yo supremo. Y en la era moderna, esto también le pasó al yoga. El yoga es considerado como ejericio en el mundo de hoy, donde te has convertido en un yogui, o yogini, al dominar ciertas asanas. Sin embargo, el objetivo final del yoga, que es conocer al ser divino, ha sido totalmente olvidado la conciencia suprema a causa del logro de la meditación Samadhi, y el verdadero propósito del Yoga y Chakras fue descuidado.

Mito #5 de la sanación de chakras: El equilibrio de Chakras mejorará la salud.

Es un gran malentendido que el equilibrio de los chakras pueda mejorar tu salud. Pero la salud de ellas depende de tus condiciones físicas, mentales, emocionales, fisiológicas y psicológicas, y tus chakras no cambiarán, ni mejorarán la condición de tu ser hasta que trabajes en dichos temas, y las causas subyacentes.

Mito #6 de la sanación de chakras: No tienes poder sobre tus chakras.

Algunas referencias afirman que no tienes poder sobre tus chakras, y no puedes equilibrar tus chakras por ti mismo. Sin embargo, si tienes la voluntad, la verdad es que puedes hacer cualquier cosa. El tercer chakra de Manipura ayuda a fortalecer el deseo personal y la compulsión. Cualquiera que sea el problema que experimentes, puedes aprovechar el poder del chakra Manipura, y lograr cualquier objetivo que te propongas lograr. Y todos los otros chakras, y la función que ejercen para tu cuerpo, son los mismos. Proporcionan energía en el cuerpo para diferentes tareas.

Mito #7 de la sanación de chakras: Los chakras siempre deben ser equilibrados y perfectos

Si alguien dice que los chakras deben ser equilibrados y completos, podrían estar viviendo en otro mundo. Porque nada es perfecto en nuestro mundo ideal, y hay imperfecciones en todo. El mundo es errático y en constante evolución, y los chakras hacen justo eso. Siguen cambiando. Son flexibles y receptivos, adaptándose a los factores de la psicología y la física que nos afecta cada día. Según tu estado físico y emocional general, continúan cambiando, y necesitan ser equilibrados o normalizados, según la situación actual.

Mito #8 de la sanación de chakras: Necesitas trabajar en los chakras superiores.

Todo el mundo quiere trabajar en los chakras superiores - el chakra de la corona, el chakra del tercer ojo, y el chakra de la garganta, que son subsecuentemente los responsables del crecimiento espiritual y subconsciente, mientras que la gente olvida que necesitan trabajar con los chakras inferiores y superiores en conjunto. El chakra del corazón es responsable del equilibrio entre el chakra superior e inferior, que es el cuarto chakra. Antes de trabajar en chakras mayores, El Chakra de la corona, El Chakra del tercer ojo, el trabajo en chakras inferiores es muy recomendable. El chakra de la raíz representa la vida física, el chakra Muladhara representa la vida sentimental, y el chakra Manipura representa la vida racional, y si deseas proseguir en la vida y en el trabajo para equilibrar tus chakras, es necesario empezar desde el chakra Muladhara, hasta el chakra Sahasrara. Si has trabajado en tus pasiones físicas, entonces todos tus problemas emocionales están resueltos. Tu mente será disciplinada para enfocarte en el propósito principal de la vida; sólo entonces estás preparado para trabajar en los chakras superiores.

Mito #9 de la sanación de chakras: Los profesionales pueden abrir o equilibrar tus chakras de un vistazo

Muchos de nosotros, en el mundo moderno de estos días, recurrimos a profesionales como Expertos en Reiki, y Expertos en Acupresión a fin de sanar y equilibrar nuestros chakras en una sola sesión. Acelerar el proceso es un gran mito. Requiere más de una sesión para obtener un equilibrio de tus chakras, o la apertura de ellas con la ayuda de un sanador profesional. Se necesita auto-motivación y voluntad curativa. Tienes que nutrir tu cuerpo y emociones para ser curado con la ayuda de los sanadores y expertos profesionales de hoy en día.

Mito #10 de la sanación de chakras: Los sanadores eliminan o aligeran tu carga kármica, y tus problemas.

La ley de causa y efecto ha existido en el universo desde que se estableció, y es responsable de todo lo que estaba sucediendo. Es un mito masivo que alguien puede eliminar nuestros Karmas en unas pocas sesiones de sanación. Equilibrar los karmas puede aligerar los resultados del Karma, y aumentar la voluntad de tolerar consecuencias, pero en las terapias o sesiones curativas, alguien nunca puede eliminar la carga kármica. Considera esto antes de recorrer el camino para la ordenanza de nuestros chakras.

LA CIENCIA DE LA SANACION DE CHAKRAS

A. ESTUDIOS CIENTÍFICOS

1. Campos electromagnéticos y áuricos del cuerpo

El aura es el campo electromagnético que abarca el cuerpo humano, y todos los organismos y objetos del Universo.

El aura de un ser humano se llama "Campo de Energía Humana", y es una colección de energías electromagnéticas de densidad variable que impregnan y emiten, o salen del cuerpo físico de una persona viva. Estas partículas de energía se suspenden en un campo de forma ovalada alrededor de un cuerpo humano sano. Este campo áurico rodea el cuerpo alrededor de 2-3 pies, y se extiende en el suelo sobre la cabeza, y por debajo de los pies.

El campo aurico completo consta de siete niveles o cuerpos auricos. Cada una de estas siete capas tiene su propia frecuencia, y se interrelacionan entre sí. En todos los niveles afectan a toda la persona: emocional, física, mental, y espiritual. Por lo tanto, un estado de desequilibrio en uno de los cuerpos conduce a un estado de desigualdad en el otro. La forma tangible es el cuerpo físico. Los siete cuerpos áuricos comienzan con el "cuerpo ético".

El cuerpo físico está en el nivel más bajo de vibración, y denso en la estructura del átomo. Es lo más tangible en nuestra conciencia y aborda las sensaciones físicas. Somos conscientes del aquí y ahora de nuestro cuerpo y sus movimientos. Los temores del cuerpo físico incluyen enfermedad, envejecimiento y muerte.

a. Cuerpo etérico: es el segundo nivel más alto de vibración. Aborda la relación corporal material (física) con los cuerpos superiores. La energía de este cuerpo fluye a través de los meridianos que pasan a través del cuerpo físico la energía de la fuerza vital, o chi. Está vinculado a nuestro primer chakra.

b. Cuerpo emocional: Este cuerpo aborda sentimientos y emociones, y está vinculado a nuestro pasado y emociones almacenadas junto con nuestro 2o Chakra.

c. Cuerpo mental: este cuerpo nos enseña autoconciencia y refleja la mente consciente, la lógica, el pensamiento activo y la mente. Está relacionado con nuestro "ego" y nuestro 3er Chakra.

d. Cuerpo astral: este cuerpo es el puente entre los planos espiritual y físico. Está conectado al 4o Chakra. Es el cuerpo que sirve como reflejo del amor incondicional.

e. Cuerpo de plantilla etérica: Este es el cuerpo de la "voluntad divina", y puede ser el lugar del presente y todas las posibilidades futuras. Está vinculado al 5o Chakra. Equilibrar este "cuerpo" ayuda a que el cuerpo etérico inferior se equilibre.

f. Cuerpo Celestial: Este cuerpo funciona a un nivel intuitivo, y refleja la mente subconsciente en la parte inactiva de nuestro cerebro. Es proporcional a los aspectos emocionales del espíritu "superior". Es el lugar de todas las cosas para conocer el amor universal y la divinidad. Está vinculado al Chakra 6.

g. Cuerpo causal: Este cuerpo vibra en su frecuencia más alta, y es donde el alma se comunica con la mente consciente a través de la mente subconsciente. Es el lugar de la conciencia universal, y la conexión con el "todo universal". Está conectado al séptimo chakra.

1. Bases chakra sobre la estimulación vagal, y sistemas glandulares

Los chakras se demostraron por primera vez en las Escrituras hindúes (los Vedas) hace miles de años, y significa "ruedas" de energía. Se ocupan principalmente del flujo de energía en el cuerpo, y se dice que son áreas altas y expansivas enfocadas en energía (o vórtices) dentro de múltiples ubicaciones del cuerpo.

Hay un total de 114 chakras en el cuerpo, pero siete chakras principales son tomados para seguir la curvatura de la columna vertebral, desde la base de la columna, hasta la corona de la cabeza. Se dice que los Nadis (literalmente se traduce a RIOS en Sánscrito) conectan estos Chakras. Estos Nadis son considerados como el transporte de los chakras hasta el resto del cuerpo a través del cual fluye la energía. Todo es energía.

En Física Cuántica, esta es una teoría ampliamente aceptada, y un hecho científicamente probado. El movimiento energético es el núcleo central y fundamental de donde existen muchas tradiciones sobre religión y espiritualidad. Prácticas antiguas como Reiki, QiGong y Tai Chi se centran en la manipulación de energía para lograr el bienestar.

A través de la energía magnética, todo se conecta a través de la energía eléctrica. Todo se mantiene unido por enlaces energéticos, y se compone de estos átomos, la mayoría de los cuales es espacio. El movimiento de energía es vital para la vida. La energía eléctrica fluye a través de nuestros cuerpos, a través de nuestras neuronas y vías nerviosas al pensar, respirar, funcionar, e incluso al descansar.

"Bultos" del plexo nervioso primario corresponde a cada chakra. Por mucho, nuestros tejidos nerviosos, y específicamente nuestro sistema nervioso, causan los procesos más enérgicos en nuestros cuerpos. El sistema nervioso es aquel componente de nuestro cuerpo que controla las acciones voluntarias e involuntarias, y transmite señales desde, y hacia varias partes del cuerpo y cerebro.

El sistema nervioso consta de dos segmentos principales: el sistema nervioso central (SNC), y el sistema nervioso periférico (SNP). El cerebro y la médula espinal constituyen el SNC, y el SNP conecta el SNC con el resto del cuerpo a través de un pequeño río como fibras nerviosas (Nadis).

Este sistema se correlaciona con los chakras. Hay varias categorías de bultos nerviosos dentro del SNP, pero el SISTEMA nervioso autónomo del SNP es el más relevante para los Chakras. Este lado del sistema nervioso aborda las respuestas involuntarias o automáticas del cuerpo, como la digestión, la frecuencia cardíaca, los estornudos, la deglución y la respiración.

El Sistema Nervioso Autónomo se divide además en el Sistema Nervioso Simpático (activado para mover energía en emergencias, la reacción de "lucha y huída"), y el Sistema Nervioso Parasimpático (activado en la reacción "descansar y digerir"). Es el Sistema Nervioso Parasimpático (parte del sistema de respuesta nerviosa automática) quien tiene la mayor relevancia en la ubicación de los Chakras.

El diagrama anterior muestra los órganos bajo los estímulos del Sistema Nervioso Parasimpático. El cerebro se conecta a estas partes del cuerpo a través del "perro grande" del sistema nervioso_ el gran, gordo, y jugoso nervio VAGO _ el décimo nervio craneal (del significado craneal del cráneo). El nervio vago es considerado como el "Santo Grial" de todos los nervios. Es donde yacen las principales redes nerviosas, y hacen conjunto con las glándulas de nuestro cuerpo.

El siguiente diagrama muestra la posición de los diferentes Chakras. Observa cómo se correlacionan con el diagrama anterior:

Como se mencionó anteriormente, los bultos nerviosos en nuestro cuerpo muestran un vínculo con las principales GLANDULAS. Las glándulas secretan hormonas en el torrente sanguíneo, y son muy importantes en el funcionamiento de nuestros cuerpos, más de lo que la gente se imagina! Las hormonas son jugadores críticos en la química del cuerpo, y el nervio Vago las estimula. Ellas (así como los nervios) llevan mensajes entre las células y los órganos, y afectan a muchos aspectos de nuestros procesos corporales, que van desde el crecimiento a través de la infancia, el desarrollo sexual, el estado de ánimo, lo bien que dormimos, cómo manejamos el estrés, cómo funciona el cerebro, y cómo descomponemos los alimentos. De hecho, la disminución gradual en la producción de hormonas con el tiempo lleva al proceso de envejecimiento. Otras hormonas, como DMT (Dimethyltryptamine), secretadas por la glándula pineal del cerebro, son conocidas por causar Experiencias Fuera del Cuerpo, aumento de la creatividad, e incluso habilidades mentales. Los Chakras se asocian con las principales redes nerviosas del cuerpo, que se conectan a través del nervio Vago principal desde el cerebro / columna, a las glándulas responsables de la producción de hormonas, y el funcionamiento general del cuerpo.

EL NERVIO VAGO y KUNDALINI:

El nervio vago se considera el 'santo grial' del sistema nervioso, y en su mayoría transmite información sensorial al Sistema Nervioso Central sobre el estado de los órganos del cuerpo. Se mueve por el cuerpo y alrededor de los órganos internos una vez que sale del cerebro.

Un papel clave jugado por el nervio Vago es ser un "botón de reinicio" para contrarrestar nuestro sistema de alarma interno y automático, que resulta en la reacción de la lucha y huída, que es la responsable principal en el estrés y la depresión. Por lo tanto, la estimulación del nervio vago puede conducir a algunos beneficios muy positivos en la salud, sobre todo en una sociedad que sufre de los efectos del miedo subconsciente (miedo a la estabilidad, de nuestros trabajos, ataques terroristas, dinero, etc.). Por lo tanto, la estimulación del nervio vago puede conducir a algunos beneficios muy positivos para la salud, sobre todo en una sociedad que sufre de los efectos del miedo subconsciente (miedo a la estabilidad, de nuestros trabajos, ataques terroristas, dinero, etc.).

La Serpiente de Kundalini

Kundalini es la antigua descripción de la energía de nuestros cuerpos (o Shakti). Se dice que el kundalini proviene de la base de la columna, y termina hasta la parte superior de la cabeza, a menudo en comparación con una serpiente. Como es afirmado, el despertar Kundalini' conduce a una meditación profunda, la iluminación, y un profundo sentido de felicidad. Se dice que esta "serpiente" Kundalini se enrolla tres veces a medida que viaja por la columna vertebral. Y casualmente, el nervio Vago se conecta en la columna en tres puntos diferentes. Aunque las descripciones antiguas se consideran de mucho alcance, podría parecer que utilizaron metáforas para obtener información exacta sobre nuestro bienestar.

Hay más de 13.000 estudios sobre el nervio Vago. Y estos manuscritos donde se menciona la estimulación nerviosa vaga, pueden ayudar con un sinfín de enfermedades, como la depresión que se resiste al tratamiento, y ciertas formas de epilepsia. La gran noticia es que la respiración profunda del vientre (también conocido como pranayama en la antigua cultura india), la meditación y el ejercicio son el método natural más eficaz para estimular el nervio vago.

GUÍA DE INICIO RAPIDA

a. Limpieza paso a paso de los chakras

Para desbloquearlos y restaurar su funcionamiento normal, debes limpiar tus chakras. Si continúas con uno o más chakras bloqueados, experimentarás más y más dolores y dolencias, que eventualmente pueden afectar tu rutina diaria. Una manera de limpiar tus chakras es abriéndolos, usando la energía de la Tierra para limpiarlos, y luego cerrarlos parcialmente. Puede sonar complicado, pero es muy fácil de hacerse por uno mismo.

Comienza meditando: estar centrado te pondrá en contacto con la energía primaria de la Tierra que puedes usar para limpiar tus chakras. Este paso también ayuda al proceso de limpieza a tener un terreno sólido. Sólo respira hondo para centrarte, y luego ve como todas tus preocupaciones se esfuman. Esta actividad limpia tu mente, y la llenará de pensamientos positivos. Imagina cómo al conectar con la energía de la Tierra, desarrollas "raíces".

Abre tus chakras–Puede abrir tus chakras uno por uno, una vez que hayas completado el proceso de centrarte, comenzando con el primero. Imagina una rosa ya florecida. Tómate tu tiempo y visualiza todo el proceso de floración, asignando a cada chakra un color específico. Debe tomar unos 6 minutos para abrir todos tus chakras.

Conduce la energía de la Tierra a través de cada chakra - usa la meditación, ahora que has abierto sus chakras para transferir la energía a través de cada chakra. Visualiza el proceso: cómo cada uno de tus siete chakras recibe galones y galones de energía limpia, dejándolos puros y limpios.

Cierra el nivel de energía, y cierra tus chakras- el último paso es cerrar los chakras, y dejar que la energía fluya sólo una pequeña brecha. De lo contrario, puedes atraer a vampiros energéticos. En primer lugar, al visualizar cómo las corrientes de energía mueven tu cuerpo y tus chakras uno por uno, es necesario reducir el flujo de energía. Va a tomar todo el tiempo que quieras que dure, es a tu propio ritmo. Usa la misma técnica de visualización para cerrar tus chakras, hasta sentirte parcialmente cómodo.

POSTFACIO

Al igual que con cualquier enfoque diario de resolución de problemas, el primer y más fundamental paso para iniciar la búsqueda de una buena salud es reconocer cualquier disparidad existente. Es sólo ahí donde nos damos cuenta de nuestros propios desequilibrios, que podemos empezar a formular los pasos necesarios para lograr un estado íntegro.

Dado que el objetivo de la Curación de Chakras es la restauración del flujo de energía alterado, el saber qué chakra está bloqueado o abierto, es la clave para alinearlos. A medida que aplicas el conocimiento que has obtenido de esta guía de Chakras, será más fácil controlar tus chakras, y sentir una significativa comodidad en el cuerpo, y una perspectiva positiva que sale ti. En última instancia, la incorporación del conocimiento de chakras con tus hábitos diarios es la mejor manera sostenible de establecer el bienestar holístico que te mereces.

www.ingramcontent.com/pod-product-compliance
Lightning Source LLC
Chambersburg PA
CBHW060357080526
44583CB00012B/364